Alles über
EINKOCHEN, EINLEGEN, EINFRIEREN

Alles über
EINKOCHEN, EINLEGEN, EINFRIEREN

von Birgit Müller

FALKEN-VERLAG · NIEDERNHAUSEN/TAUNUS

ISBN 3 8068 4055 5
© 1978 by Falken-Verlag Erich Sicker KG, 6272 Niedernhausen/Ts.
Titelbild: Studio Langanke
Fotos: Linde-Duofrost, Jahreszeiten-Verlag
Zeichnungen: Edith Kuchenmeister
Satz: LibriSatz, Kriftel
Druck: Richterdruck, Würzburg

Inhalt

Die Konservierung von Lebensmitteln

Das Konservieren von Lebensmitteln ist eine uralte Erfindung des Menschen. Schon in ganz frühen Zeiten kannte man das Trocknen, Räuchern und Pökeln, um Nahrungsmittel, vor allem Fleisch und Fisch, für längere Zeit haltbar zu machen. Diese Konservierungsarten haben allerdings den Nachteil, daß die Lebensmittel ihre ursprüngliche Form und ihren Geschmack dabei stark verändern, auch gehen häufig wertvolle Nährstoffe verloren.

Heute kennt man bereits bessere Methoden, Nahrungsmittel haltbar zu machen. Beim Sterilisieren und Tiefgefrieren bleiben die wichtigen Nährstoffe zum größten Teil erhalten, auch der Geschmack der Ware verändert sich nicht oder kaum. Die Bedeutung des Konservierens liegt deshalb heute in der Ermöglichung einer gesunden und abwechslungsreichen Ernährung während des ganzen Jahres.

Ein weiterer Vorteil der modernen Konservierungsmethoden ist, daß nicht nur Lebensmittel, sondern auch fertige Gerichte haltbar gemacht werden können. Das bedeutet für die Hausfrau, die auch heute noch 40 % der gesamten Hausarbeit für das Zubereiten der Mahlzeiten aufwendet, eine große Erleichterung und Zeitersparnis. Die Ursachen für das Verderben von Nahrungsmitteln, denen bei der Konservierung entgegengewirkt wird, sind teils chemischer, teils biochemischer Art. Am chemischen Verderb ist wesentlich der Luftsauerstoff beteiligt. Der Verderb auf biochemischem Weg ist meist auf Mikroorganismen (Kleinstlebewesen) zurückzuführen. Diese Mikroben, die in den Nahrungsmitteln selbst, aber auch in der Luft zahlreich vorhanden sind, verursachen das Gären, Schimmeln und Faulen der Nahrungsmittel. Dadurch können sie oftmals gesundheitliche Schädigungen bewirken. Bei günstigen Lebensbedingungen vermehren sich die Mikroorganismen rasch und stark. Sie haben außerdem die Fähigkeit, sehr widerstandsfähig Sporen und verschiedene Arten von Wirkstoffen oder Enzymen zu bilden. Nach der Art der Vermehrung unterscheidet man Sproßpilze (Hefepilze), Spaltpilze (Bakterien) und Schimmelpilze. *Sproßpilze* sind Gärungserreger, die eine Zersetzung der stickstofffreien Substanz, besonders der Kohlenhydrate, bewirken.

Fäulnisbakterien bewirken die Zersetzung stickstoffhaltiger Substanz, besonders von Eiweiß. Fäulnis ist eine Zersetzung bei beschränktem Luftzutritt, wobei vielfach übelriechende Gase, z. B. Toxine bei der Zersetzung von Fleisch, Wurst, Pilzen, grünen Bohnen und Erbsen, entstehen.

Schimmelpilze zersetzen Eiweißstoffe und Kohlenhydrate durch Einwirkung gewisser Fermente. Sie bleiben im allgemeinen auf der Oberfläche der Nahrungsmittel und überziehen sie mit einem »Moosgeflecht«. Im Anfangsstadium können sie ohne Beeinträchtigung des Nährwerts und Geschmacks des betreffenden Lebensmittels abgehoben werden.

Sämtliche Konservierungsmethoden haben zum Ziel:
● die Wirkung der Bakterien durch Entzug geeigneter Lebensbedingungen herabzusetzen, z. B. durch Entzug von Wasser oder Wärme (Feuchtigkeit).
● die Kleinstlebewesen zu vernichten.
● die Lebenstätigkeit der Bakterien durch eine ihnen feindliche Umgebung aufzuheben oder zumindest abzuschwächen.
● den Hinzutritt von Bakterien zu verhindern.

Einfrieren

Die modernste Art der Konservierung ist das Gefrieren von Lebensmitteln. Die Tiefkühlwirtschaft bringt eine große Erleichterung für die moderne Haushaltsführung mit sich. Das Nahrungsmittelangebot wird immer größer, und die anspruchsvollen Ernährungswünsche können durch die Tiefkühlkost leichter erfüllt werden. Durch die Berufstätigkeit der Frau mußte der Haushalt rationalisiert werden, was mit den alten Formen der Nahrungszubereitung nicht durchführbar wäre. So bietet sich die Gefrierkonservierung geradezu an.

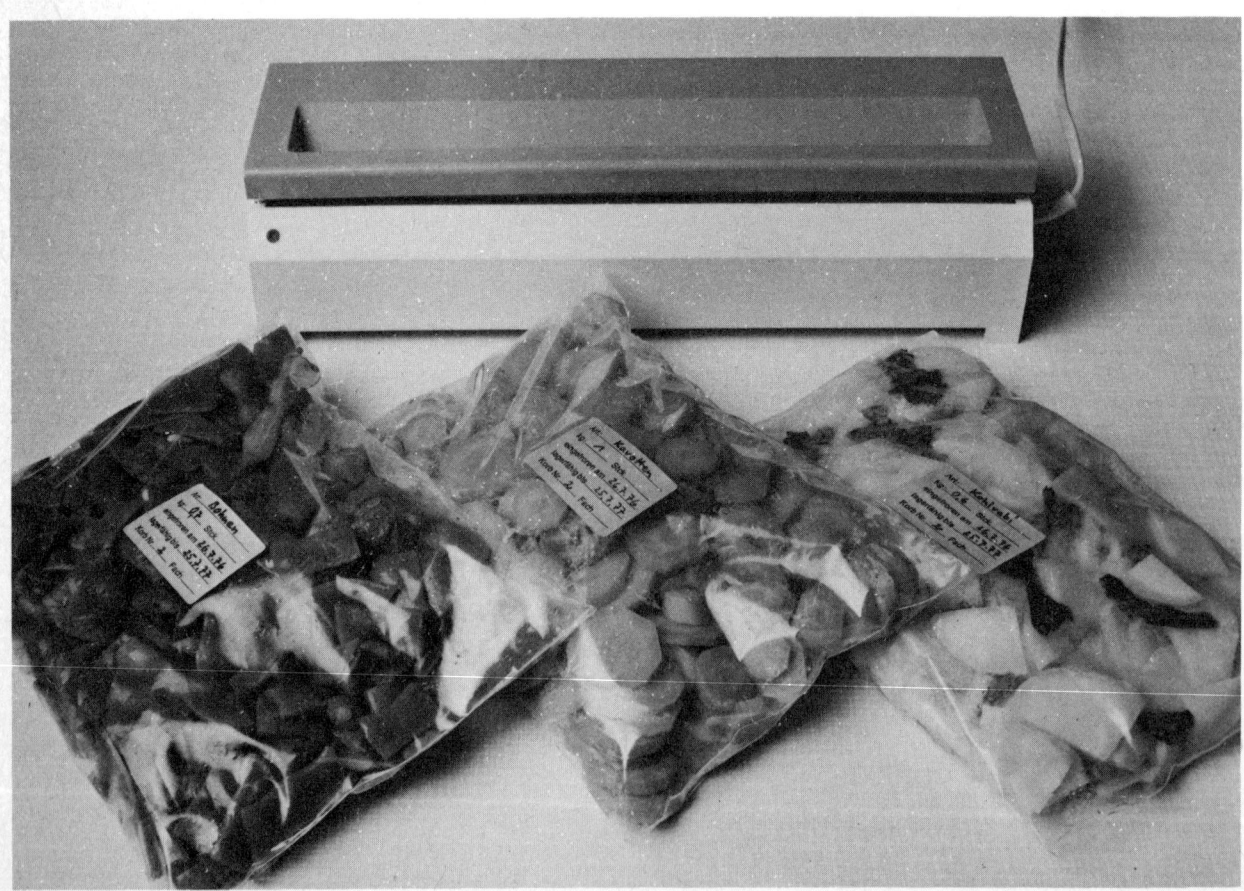

Das Gefriergut portionsweise in Folie verpackt

Tiefkühlkost und Gefrierkost

Tiefkühlkost sind die industriell konservierten Nahrungsmittel. Die industrielle Herstellung von Tiefkühlkost geschieht nach strengen Richtlinien, deren Einhaltung die ausgezeichnete Qualität des Endproduktes garantiert.

Gefrierkost wird im Haushalt mit Hilfe der Gefriergeräte zubereitet. Man bemüht sich, dem Schockfrosten der Industrie nachzukommen und auch die Gefriergeschwindigkeit einzuhalten. Die Gefriergeräte im Haushalt halten die Lagertemperatur von −18 °C. Im Haushalt kann nicht so präzise gearbeitet werden, wie in der Tiefkühlindustrie; deswegen ist aber die selbsthergestellte Gefrierkost nicht schlechter.

Wie entstehen Tiefkühl- und Gefrierprodukte? Alle Nahrungsmittel enthalten Wasser. Dieses Wasser in den einzelnen Zellen gefriert beim Absinken der Temperatur. Um eine Veränderung der Gewebestruktur während des Gefrierprozesses zu vermeiden, muß die kritische Zone (auch langsame Zone genannt) schnell durchlaufen werden. Diese kritische Zone liegt zwischen 0 °C und −5 °C, denn hier bilden sich die größten Eiskristalle mit den längsten Spitzen, die das Gewebe beschädigen. Beim Auftauen fallen empfindliche Produkte zusammen, und der Saftverlust ist sehr groß; damit gehen auch Aroma- und Nährstoffe verloren. Wie etwas friert, hängt also vom Grad der Kälte und der damit verbundenen Gefrierzeit ab. Die Gefriergeschwindigkeit sollte bei 0,3 cm/h liegen. Dabei bilden sich nur kleine Kristalle in und zwischen den Zellen, die Zellwände bleiben unbeschädigt. Der Gefrierprozeß ist erst dann abgeschlossen, wenn eine Durchschnittstemperatur von −18 °C erreicht ist. Beim Auftauen ist die Tiefkühl- und Gefrierkost frisch und schmackhaft.

Tiefkühlkost ist ernährungsphysiologisch hochwertig:
- Die Vermehrung der Mikroben wird gestoppt.
- Der Abbau des Vitamin-C-Gehalts wird stark verlangsamt.
- Schwerlösliche Eiweißverbindungen und Zellulosebestandteile werden für den menschlichen Körper aufbereitet.
- Durch diese Aufbereitung werden Garzeiten verkürzt.
- Durch die Eiweißspaltung tritt das stärkere Eigenaroma hervor.

Aufgetaute Tiefkühlkost sollte man schnellstens verbrauchen, da sie durch die sprunghafte Vermehrung der Mikroorganismen leicht verderblich ist.

Gefrierkonservierung erleichtert das Haushalten:
- Verbilligter Einkauf in der jeweils günstigen Jahreszeit.
- Preiswerter Einkauf größerer Fleischstücke, die portionsgerecht eingefroren werden.
- Zeitersparnis für die eilige Hausfrau. Gerichte mit langwieriger Vorbereitung werden in größeren Portionen zubereitet und eingefroren, so daß man sie später nur aus dem Gefriergerät zu nehmen braucht. Wieviel Zeit und Arbeit dabei gespart werden, beweist dieses Beispiel: Die Bundesforschungsanstalt für Hauswirtschaft hat ermittelt, daß man 86 Minuten benötigt, um Gulasch für 4 Personen zu kochen. 4 Gulaschgerichte benötigen also 344 Minuten! Kocht man 4 Portionen aber auf einmal und friert 3 davon ein, so braucht man nur 126 Minuten dazu. 218 Minuten oder 3½ Stunden Arbeitszeit sind somit gespart.
- Leicht verderbliche, jahresbedingte Nahrungsmittel stehen das ganze Jahr in gleicher Qualität zur Verfügung.
- Man ist unabhängig von Ladenschluß, ungünstigen Einkaufsmöglichkeiten, Zeitmangel oder Krankheit.

Der schriftliche Speiseplan mit fertiger Tiefkühlkost ist eine große Beruhigung bei Abwesenheit der Hausfrau.

Dies alles kann man erreichen – weniger Arbeit, abwechslungsreiche Kost, gute Vorratshaltung für Zwischenfälle – wenn man das richtige Gefriergerät richtig ausnutzt.

Größe und Art der Gefriergeräte

Das *Tiefkühlfach* im Kühlschrank ist als Lagerfach für gekaufte Tiefkühlkost zu nutzen. Man kann gefrorene Lebensmittel darin begrenzt aufheben, aber *nicht* selbst einfrieren. Die Leistung des Gerätes reicht dazu nicht aus.

Die Tiefkühlfächer sind mit Sternen bezeichnet, die folgende Bedeutung haben:

	Aufbewahrungszeit von Tiefkühlkost
1 Stern (–6 °C)	
Speiseeis	4 Stunden
Fettfisch, Hackfleisch, gezuckertes Obst	1–2 Tage
alle übrigen Artikel	2–3 Tage
2 Sterne (–12 °C)	
Speiseeis	6–24 Stunden
Fettfisch, Hackfleisch gezuckertes Obst	3–7 Tage
alle übrigen Artikel	2 Wochen
3 Sterne (–18 °C)	
Speiseeis	bis zu 2 Monaten
Fettfisch, Hackfleisch	1 Monat
alle übrigen Artikel	1–3 Monate

Im übrigen richtet man sich nach den Vorschriften der Hersteller der Tiefkühlkost.

Kühl-Gefrier-Kombinationen

Kühl-Gefrier-Kombinationen werden benutzt, wenn nur sehr wenig Platz vorhanden ist. Dabei hat man nur eine Stellfläche für Kühlschrank und Gefrierschrank.

Gefrierschränke

Gefrierschränke werden in den kleinen Stadthaushaltungen bevorzugt. Die Lebensmittel werden in Fächern gelagert – das ermöglicht eine bequeme Bedienung und gute Übersicht. Das Fassungsvermögen von Gefrierschränken reicht von 50–500 l.

Gefriertruhen

Gefriertruhen mit nach oben zu öffnendem Deckel beanspruchen viel Stellfläche. Dafür ist das Fassungsvermögen um 5–10 % größer, ihr Anschaffungspreis und Stromverbrauch jedoch etwas geringer als bei Gefrierschränken gleicher Größe. Einstellkörbe verbessern die Übersicht. Jedoch sollte man bedenken, daß das Herausnehmen und Hineinlegen des gefüllten Korbs einige Kraft erfordert. Kleinere Frauen sollten immer einen Schrank bevorzugen, da es für sie schwierig ist, Pakete vom Truhenboden hochzuheben.

Wie groß soll das Gefriergerät sein?

Als Faustregel kann man pro Person mit 80–120 l rechnen. Die genaue Literzahl hängt natürlich immer von der jeweiligen Haushaltsführung ab, ob man einen Garten hat, ob 1/2 Schwein eingefroren werden soll, ob man schlechte oder gute Einkaufsmöglichkeiten hat usw. Auf jeden Fall sollte das Gerät lieber etwas größer als zu klein gewählt werden. Denn wenn man erst einmal mit der modernen Konservierungsart vertraut ist, wird das Gerät sonst leicht zu klein. Bei 1 l Fassungsvermögen rechnet man 500–700 g Gefriergut. Ein 100-l-Gerät faßt also 50–70 kg.

Das reichhaltige Angebot industrieller Tiefkühlkost ▷

Gefriervermögen und Temperaturen

Das Gefriervermögen bezieht sich auf die Neueinlage von frischen Lebensmitteln und wird in kg ausgedrückt; es bezieht sich auf den Nutzinhalt, also den tatsächlichen nutzbaren Raum. Der Nutzinhalt bei Gefriertruhen beträgt ca. 80 %, bei Schränken ca. 75 %. Pro 100 l können 5 kg in 24 Stunden von plus 25 °C auf minus 18 °C gefroren werden. Die Lagertemperatur soll mindestens 18 °C betragen. Niedrigere Temperaturen schaden der Tiefkühl- und Gefrierkost. Für die Einhaltung der Lagertemperatur im Gefriergerät sorgt der Thermostat. Zum Einfrieren wird auf »Super« eingestellt, bis das Gefriergut durchgefroren ist.

Was soll man bei Betriebsstörungen tun?

Zunächst prüft man, ob vielleicht nur der Stecker herausgezogen ist. Bei Stromausfall oder Gerätedefekt sollte man folgendes beachten:

1. Gerät nicht öffnen.
2. Den Aufstellungsraum kühl halten.
3. Gerätesicherung kontrollieren.
4. Bei Gerätedefekt Kundendienst benachrichtigen. Dieser Kundendienst sollte auch an Sonn- und Feiertagen zu erreichen sein. Erkundigen Sie sich vor dem Kauf des Gerätes nach dem Kundendienst.
5. Bei Stromausfall das Elektrizitätswerk anrufen und sich nach der Dauer des Stromausfalles erkundigen. Bei unterbrochener Stromzufuhr steigt die Temperatur im Gefrierschrank pro Stunde um ca. 0,5 ° bis 1 °C. Bei gut gefüllten Gefriergeräten bleibt die Geräteinnentemperatur bis zu 24 Stunden so niedrig, daß die Nahrungsmittel keinen Schaden nehmen. Man sollte allerdings die genannten Punkte beachten.

Reinigung und Pflege

Ist das Gerät neu, also noch nicht in Betrieb, wäscht man es mit einem weichen Tuch, warmem Wasser und etwas Spülmittel aus; anschließend wäscht man mit kaltem Wasser nach. Wann man das Gerät dann während des Betriebes reinigt, hängt von der Reifschicht ab. Bei 2 mm Reifansatz hat man einen um 10 % höheren Stromverbrauch, bei 10 mm dickem Reifansatz steigt der Stromverbrauch um 75 %. Den Reifansatz entfernt man mit einem Kunststoffschaber. Die totale Reinigung sollte ca. 2mal im Jahr durchgeführt werden, möglichst dann, wenn nur wenig Gefriergut eingelegt ist. Dabei ist folgendes zu beachten:

1. Stecker aus der Steckdose ziehen.
2. Gefriergut dick mit Zeitungspapier einwickeln und kühl stellen.
3. Eine Schüssel mit heißem Wasser (60 °C) in das Gerät stellen, das beschleunigt den Abtauprozeß. Mit Hilfe des Kunststoffschabers die Reifschicht entfernen.
4. Das Gerät wie ein Neugerät säubern und sehr gut nachtrocknen. Gummidichtung mit Talkum einreiben – die Elastizität bleibt dadurch länger erhalten.
5. Das Gerät auf »Super« schalten und nach ca. 2 Stunden Gefrierkost wieder einlagern. Das Gerät möglichst einige Stunden auf »Super«-Schaltung laufen lassen, bis die –18 °C Lagertemperatur wieder erreicht ist.

Was beim Einkaufen von Tiefkühlkost zu beachten ist

- Tiefkühlkost nur in unbeschädigter Verpackung kaufen. Die richtige Verpackung schützt vor dem Austrocknen der Ware. Außerdem wird eine Geruchsübertragung von anderen Lebensmitteln vermieden.
- Die Verpackung der Tiefkühlkost darf keine Schneebildung aufweisen, da dann die Ware schon einmal angetaut war. Die auslaufende Flüssigkeit zeigt sich beim wiederholten Einfrieren als Schnee.
- Bei Geflügel darauf achten, daß keine Gefrierbrandschäden und braunrote Verfärbungen vorhanden sind.

- Tiefkühlkost nur aus Truhen kaufen, wo das Thermometer sichtbar mindestens −18 °C aufweist, sonst besteht die Gefahr, daß Sie angetaute Ware kaufen. Die Truhen dürfen keine Wühlberge aufweisen, da dann der Kälteschleier leicht durchbrochen wird. Die Tiefkühlkost muß ordentlich und übersichtlich gelagert sein, und nicht über die Markierung hinaus.
- Wenn die Tiefkühlkost »klappert«, z. B. Erbsen und Rosenkohl, so sind diese Nahrungsmittel lose verpackt; das bedeutet also keine Qualitätsminderung.
- Auf dem Heimweg sollten Sie die Tiefkühlkost immer zusätzlich verpacken, damit die Ware nicht antaut. Entweder Zeitungspapier oder Spezialkühltaschen verwenden.

Überblick über das Angebot an Tiefkühlkost

Gemüse:

Spinat	Dicke Bohnen
Rahmspinat	Rosenkohl
Suppengemüse	Junger Kohlrabi
Junges Sommergemüse	Buttergemüse
Junge Erbsen	Rahmporree
Perlerbsen	Apfelrotkraut
Balkan-Gemüse	Grünkohl
Erbsen und Karotten	Suppengrün
Leipziger Allerlei	Petersilie
Brechbohnen	Frühlingssuppe

Fisch:

Kabeljaufilet	Heilbuttfilet
Rotbarschfilet	Dorschfilet
Schollenfilet	Seelachsfilet
Fischstäbchen	Seezunge (ganz)
Verschiedene	Fischbouletten
Schlemmerfilets	Fischstäbchen mit
Gold-Backfisch	Seeräubersoße (grätenfrei)

Fleisch:

Schwyzer Steaks	Wild:
Steaklets	Hirschrücken
Rostbratwürstl	Hirschkeule
Ungarisches Gulasch	Hirschblatt
Jägerklößchen	Wildschweinrücken
Königsberger Klopse	Wildschweinkeule
Räuberbraten	Wildschweingulasch
Schinkenbraten	Hirschsteaks
Kalbsrollbraten mit	Hasenrücken
Schweinefileteinlage	Hasenkeulen
Lammrollbraten	geräucherte Hirschkeule
Leberknödel	geräucherte Wildschweinkeule
Leberspätzle	Hirschsalami
Schaschlik	

Mehl- und Kartoffelerzeugnisse:	Kartoffelklöße	Quarkstrudel
	Pommes frites	Apfelstrudel
	Kartoffelpuffer	Kirschstrudel
	Pizza	Heidelbeerstrudel
	Blätterteig	Apfelkuchen
	Maultaschen	Käsecreme-Törtchen
	Ravioli	
	Fleisch-Plätzli	Café-Schnitten:
	Chäs-Plätzli	Kirsch-Mandel
	Champignon-Plätzli	Schwarzwälder Kirsch
	Zwiebelkuchen	Sahne-Orange
	Frühlingsrollen	
Milcherzeugnisse und Desserts:	Schlagsahne in der	Creme-Desserts:
	Spraydose	Erdbeer-Vanille
	Sahneflocken	Schoko-Vanille
	Quarkspeisen:	Eiscreme und viele
	Heidelbeer, Himbeer,	Spezialitäten
	Erdbeer, Kirsch	
Obst:	Erdbeeren	Sauerkirschen
	Himbeeren	Pflaumen
	Heidelbeeren	Obstmischungen
Geflügel:	Hähnchen	Hühnerklein
	Hähnchenkeulen	Puten
	Hähnchenbrüste	Putenrollbraten
	Hähnchenschnitzel	Putenschnitzel
	Poularden	Gänse
	Poulardenrollbraten	Enten
	Suppenhühner	Geflügelleber
Verschiedenes:	Schnecken	
	Froschschenkel	
	Shrimps	
	Krabben	
	Langusten	

Dies sind nur einige Beispiele. Beobachten Sie aufmerksam das Tiefkühlkost-Sortiment. Es kommen immer neue Spezialitäten auf den Markt. Verschiedene Verpackungsgrößen werden auch den kleineren Haushalten gerecht. Richten Sie sich bei der Zubereitung der Tiefkühlkost immer nach der Anweisung der Hersteller, die Sie auf den Packungen finden.

Was kann man selbst einfrieren?

Es gibt kaum ein Nahrungsmittel, das nicht zum Gefrieren geeignet ist. Es kommt allerdings sehr auf die sorgfältige Vorbereitung an, wenn man keine Qualitätseinbußen in Kauf nehmen will. Alles, was man einfriert, muß einwandfreie Ware sein, denn durch das Einfrieren werden die Nahrungsmittel nicht besser; sie sind nach dem Auftauen in dem Zustand, wie man sie eingefroren hat.

Gemüse:
gut geeignet; wird blanchiert oder vorgekocht eingefroren
ungeeignet: Tomaten für Salat, alle Blattsalate, Radieschen, Rettiche.

Obst:
gut geeignet; Obstsorten, die leicht braun werden, werden als Kompott mit Zuckerlösung bedeckt oder als Mus (Apfelmus) eingefroren; man kann dem Blanchierwasser auch etwas Ascorbinsäure (künstl. Vitamin C) beigeben, auf 5 l Wasser 1–2 g;
ungeeignet: Äpfel, Birnen, Pfirsiche, Bananen, Weintrauben in rohem Zustand.

Fleisch:
gut geeignet, mit entsprechender Vorbehandlung;
muß gut abgehangen sein.

Geflügel/Wild:
gut geeignet.

Fettsorten:
gut geeignet: Qualitätsmargarine, Rinderfett, Süßrahmbutter, gehärtete Pflanzenfette;
ungeeignet: Tafelmargarine, Sauerrahmbutter, Schmalz, Speck, Erdnußöl;
Speisen, die mit diesen Fetten als Fertiggericht eingefroren werden, sollten nicht länger als 8 Wochen gelagert werden, sie können sonst leicht ranzig schmecken.

Fisch:
gut geeignet: frisch gefangene Süßwasserfische.

Molkereiprodukte:
gut geeignet; nicht zu empfehlen: Joghurt.

Backwaren/Brot:
gut geeignet; man sollte sie noch warm verpacken, dann schmecken sie aufgetaut sehr gut.

Torten:
gut geeignet; unverpackt vorfrieren, dann erst fertig verpacken, so daß die Garnierung unversehrt bleibt.

Fertiggerichte:
gut geeignet; nicht zu stark würzen; Gelatine-Speisen: ungeeignet; Soßen erst nach dem Auftauen binden.

müse nacheinander blanchieren. Verkochtes Wasser evtl. nachfüllen.

Gurken, Tomaten und zerkleinertes Suppengemüse werden nicht blanchiert.

Obst wird roh eingefroren oder als Kompott, wenn die Obstsorten leicht braun werden.

Geflügel wird zum Braten oder Kochen vorbereitet und dressiert verpackt.

Fisch wird gesäubert, ausgenommen und portionsgerecht verpackt.

Fleisch wird ebenfalls in Portionsstücke geteilt. Die Portionen sollen nicht schwerer als 2,5 kg sein. Fleisch wird am günstigsten in Folie verpackt.

Unverpackt geht's nicht

Grundsätzlich muß alles, was eingefroren werden soll, verpackt werden. Die Nahrungsmittel würden sonst austrocknen und unansehnlich werden. Von Qualitätsware könnte man dann nicht mehr sprechen. Die Gefrierverpackung muß wasserabstoßend, luft- und gasdicht, geruchs- und geschmacksfrei, säurefest und fettunempfindlich sein, außerdem fest und geschmeidig, damit die Luft herausgepreßt werden kann. Luft wirkt als Isoliermittel, es könnte zur größeren Kristallbildung der Zellflüssigkeit und damit zur Qualitätseinbuße kommen, da die Gefriergeschwindigkeit außerdem verzögert wird. Es gibt Spezial-Kunststoffolien (Polyäthylen) in Rollen, Tüten und Schläuchen, außerdem Aluminiumfolie extra stark, Aluminiumformen und -becher, Faltkartons und Dosen. Zum Verschließen der einzelnen Verpackungsmaterialien verwendet man Klammern, Gummiringe und Klebestreifen.

Es gibt auch Folienschweißgeräte, womit man sich selbst Tüten und Beutel in der notwendigen Form schweißen kann.

Dosen und Becher verwendet man für flüssiges Gut oder auch Fertiggerichte. Hier muß man beachten, daß die Behälter nur bis 2 cm unter den Rand gefüllt werden,

Vorbereitung zum Einfrieren

Gemüse wird sorgfältig gewaschen, geputzt und nicht zu klein geschnitten. Danach blanchiert man es. Damit werden die Fermente zum Stoppen gebracht, die sonst weiterarbeiten und das Gemüse zum Verderben bringen würden. Durch diese Sicherheitsmaßnahme wird die Frischhaltung gewährleistet. Zum Blanchieren bringt man 10 l Wasser zum Kochen. Darin wird je 1 kg Gemüse 1–5 Minuten lang überbrüht. Dann wird das Gemüse rasch in kaltem Wasser abgekühlt, das zusätzlich mit Eiswürfeln gekühlt wird. Das Gemüse am besten auf einem Küchentuch abtropfen lassen und dann verpacken. Im gleichen Wasser kann man 10–15 kg Ge-

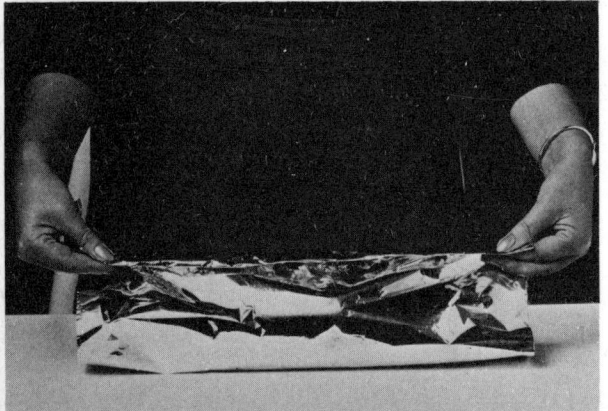

da sich flüssiges und breiiges Gut beim Einfrieren stark ausdehnt.

Aluminiumfolie extra stark eignet sich besonders gut für unförmiges Gefriergut, da sie sehr anschmiegsam ist und somit das Gefriergut luftdicht verpackt werden kann. Der Klebestreifen erübrigt sich hier.

Kunststoffolie (Polyäthylen) eignet sich sehr gut für Gemüse und festes Obst. Meterware hat den Vorteil, daß man sie nach Bedarf zuschneiden kann.

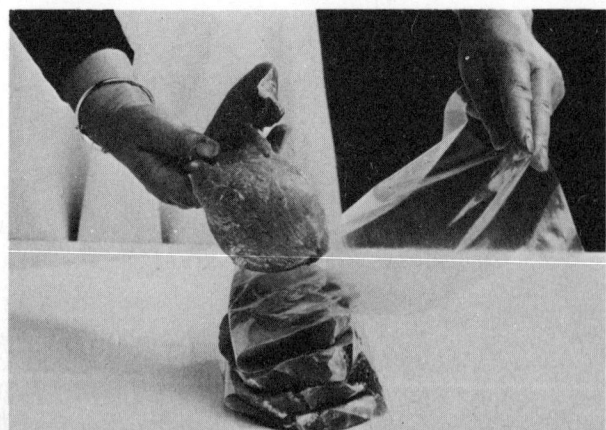

Nicht geeignet zum Verpacken von Gefriergut sind Pergamentpapier, Butterbrotpapier und handelsübliche Frischhaltebeutel.

Die Beschriftung der Pakete ist außerordentlich wichtig. Das kältebeständige Klebeband läßt sich mit einem Filzstift direkt beschriften, geeignet sind aber auch Tiefkühletiketten. Inhalt, Gewicht oder Portionsgröße und Datum müssen darauf stehen. Nur so können Sie Ordnung halten.

Man sollte zusätzlich einen Gefrierplan oder ein Buch führen, in dem der Inhalt des Gefriergerätes aufgeführt wird.

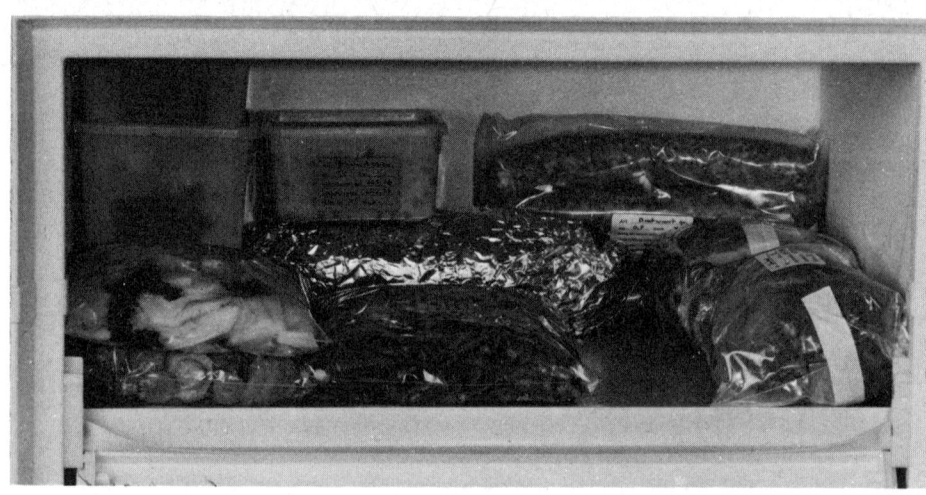

Vor dem Tiefkühlen muß das Gefriergut genau beschriftet werden.

Wann friert man was ein?

Jedes Nahrungsmittel hat saisonbedingte Ernte- oder Fangzeiten, die man zum Einfrieren ausnutzen sollte, da die Nahrungsmittel dann besonders frisch und preisgünstig sind.

Januar bis März: Karpfen, Schweinefleisch, Rindfleisch, Geflügel.

April bis Mai: Kalbfleisch, Gänsefleisch, Hecht, Spargel, Spinat.

Juni, Juli, August: Fisch, Kleingeflügel, Rhabarber, Himbeeren, Erdbeeren, Johannisbeeren, Brombeeren, Heidelbeeren, süße Kirschen, Sauerkirschen, Mirabellen, Stachelbeeren, Aprikosen, Pfirsiche, Blumenkohl, Kohlrabi, Erbsen, Bohnen, Kräuter.

September: Pilze, Paprika, Möhren, Gurken, Suppengrün, Zwetschgen, Preiselbeeren.

Oktober: Fisch, Wild, Geflügel, Fleisch, Tomatenmark und -saft, Apfelmus, Birnenkompott, Blumenkohl, Rote Beete.

November, Dezember: Schweinefleisch, Geflügel, Wild, Rotkohl, Weißkohl, Rosenkohl, Gänse, Enten.

Immer: Milchprodukte, Eiermassen, Fertiggerichte, Speiseeis, Fische, Backwaren.

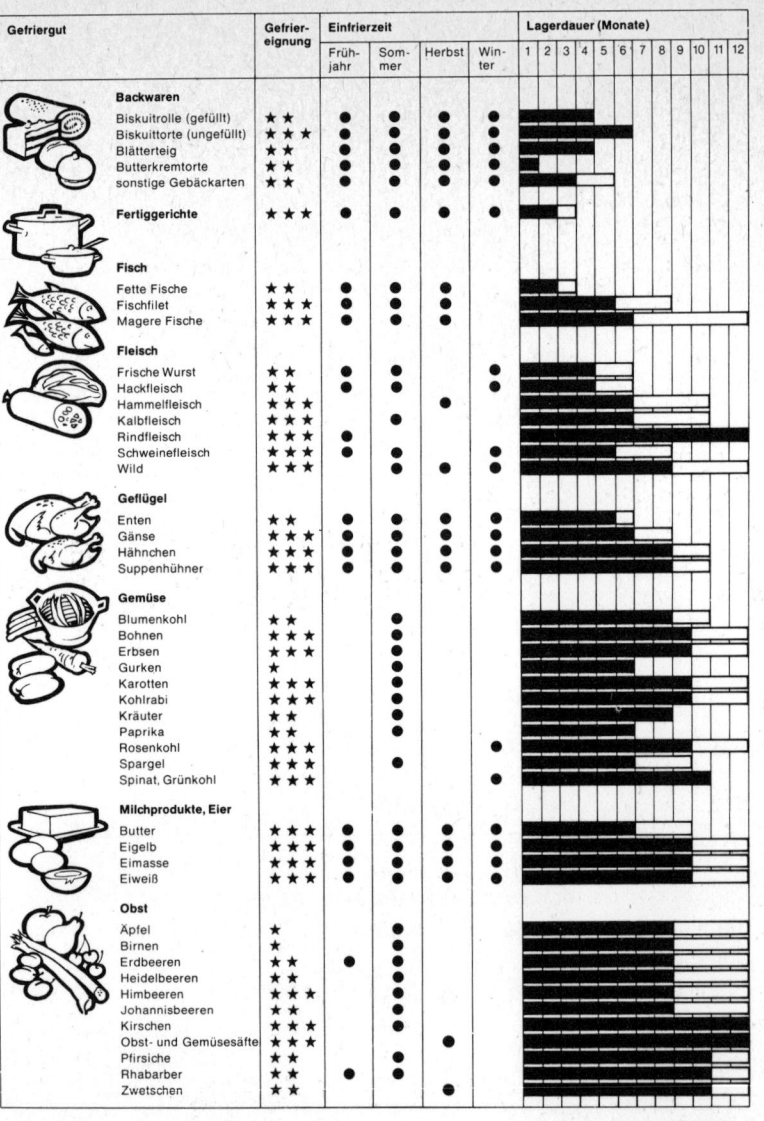

Gefriergut	Gefriereignung	Einfrierzeit				Lagerdauer (Monate)
		Früh-jahr	Som-mer	Herbst	Win-ter	1 2 3 4 5 6 7 8 9 10 11 12
Backwaren						
Biskuitrolle (gefüllt)	★ ★	●	●	●	●	
Biskuittorte (ungefüllt)	★ ★ ★	●	●	●	●	
Blätterteig	★ ★	●	●	●	●	
Butterkremtorte	★ ★	●	●	●	●	
sonstige Gebäckarten	★ ★	●	●	●	●	
Fertiggerichte	★ ★ ★	●	●	●	●	
Fisch						
Fette Fische	★ ★	●	●	●		
Fischfilet	★ ★ ★	●	●			
Magere Fische	★ ★ ★	●	●			
Fleisch						
Frische Wurst	★ ★				●	
Hackfleisch	★ ★	●	●			
Hammelfleisch	★ ★ ★		●			
Kalbfleisch	★ ★ ★		●			
Rindfleisch	★ ★ ★	●				
Schweinefleisch	★ ★ ★		●		●	
Wild	★ ★ ★		●	●	●	
Geflügel						
Enten	★ ★	●	●	●	●	
Gänse	★ ★ ★	●	●	●	●	
Hähnchen	★ ★ ★	●	●	●	●	
Suppenhühner	★ ★ ★	●	●	●	●	
Gemüse						
Blumenkohl	★ ★		●			
Bohnen	★ ★ ★		●			
Erbsen	★ ★ ★		●			
Gurken	★		●			
Karotten	★ ★ ★		●			
Kohlrabi	★ ★ ★		●			
Kräuter	★ ★		●			
Paprika	★ ★		●			
Rosenkohl	★ ★ ★				●	
Spargel	★ ★ ★		●			
Spinat, Grünkohl	★ ★ ★				●	
Milchprodukte, Eier						
Butter	★ ★ ★	●	●	●	●	
Eigelb	★ ★ ★	●	●	●	●	
Eimasse	★ ★ ★	●	●	●	●	
Eiweiß	★ ★ ★	●	●	●	●	
Obst						
Äpfel	★		●			
Birnen	★		●			
Erdbeeren	★ ★	●	●			
Heidelbeeren	★ ★		●			
Himbeeren	★ ★ ★		●			
Johannisbeeren	★ ★		●			
Kirschen	★ ★ ★		●			
Obst- und Gemüsesäfte	★ ★ ★		●	●		
Pfirsiche	★ ★		●			
Rhabarber	★ ★	●	●			
Zwetschen	★ ★			●		

Zeichenerklärung:

Gefriereignung
★ ★ ★ sehr gut
★ ★ gut
★ befriedigend

Einfrierzeit
● Zum Einfrieren geeignet

Lagerdauer
■ übliche
□ mögliche

Man braucht heute auch nicht im Winter auf frisches Obst, Gemüse und Fleisch zu verzichten ▷

Fleisch im Großgebinde-Kauf

Fleisch ist auch heute noch ein Hauptbestandteil der menschlichen Ernährung. Wegen seines hohen Eiweißgehalts ist es eines der wichtigsten Nahrungsmittel, zugleich aber auch eines der teuersten. Deshalb lohnt es sich, in manchen Fällen unausgelöstes Fleisch vom Schwein, Rind, Kalb oder Wild zu kaufen und dies selbst zu zerteilen. Immer wieder kann man im Fleischerfachgeschäft oder im Supermarkt lesen, daß Fleisch als Großgebinde zum Selbstportionieren angeboten wird. Oft ist es auch schon billiger, beim Metzger ein ganzes oder halbes Tier zu kaufen und es dort aufteilen zu lassen. Am besten nimmt man einen Preisvergleich vor und kauft dann, wenn es günstige Angebote gibt.

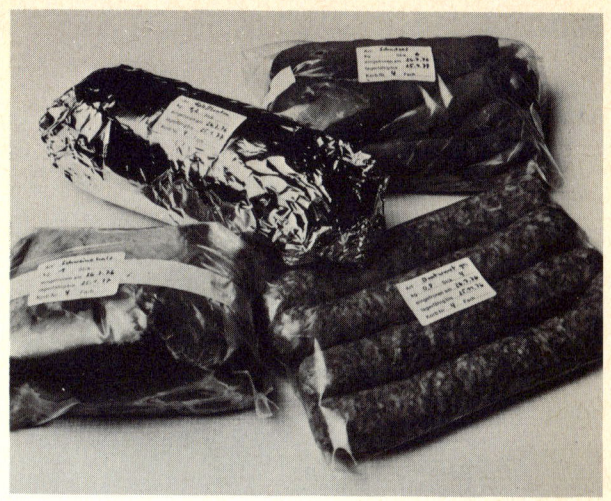

Wichtig ist, daß rohes Fleisch niemals uneingepackt zum Frieren in das Tiefkühlgerät gelegt werden darf. Empfehlenswert ist es weiterhin, koch- oder bratfertige Stücke einzufrieren. Dazu muß man wissen, welche Teile des Schlachttieres für welche Zubereitungsart geeignet sind:

Das Filet verwendet man für Steaks und Medaillons, den Rücken zum Braten, die Keule zum Braten und für Schnitzel, das Blatt zum Braten und für Ragouts, Brust, Hals und Bauchlappen für Ragouts, die Haxen zum Schmoren und Grillen.

Rind

Kochfleisch: Kopf, Bauch, Querrippe, Hohe Rippe mit Knochen als bestes Kochfleisch, Schwanz, Füße, Euter, Flecke, Zunge.
Schmor- und Kochfleisch: Hals, Lungenstück (Kamm), Brust, Bug (Schulter), Schwanzstück, Haxe (Hesse), Herz, Lunge, Nieren.
Bratfleisch: Lende, Filet (Roastbeef, Hohe Rippe ohne Knochen, Hüfte, Oberschale (Blume), Leber, Gehirn.

Kalb

Kochfleisch: Kopf, Hals, Haxen (werden noch überbraten), Füße, Gekröse, Lunge, Kalbsmilch, Zunge.

Schmor- und Kochfleisch: Brust, Nacken (Mittelgrat), Herz.
Bratfleisch: Keule (Schlegel), Nierenbraten, Kotelett, Blatt (Schulter), Leber, Gehirn, Nieren.

Schwein

Kochfleisch: Kopf, Dickbein, Eisbein (Spitzbein), Zunge, Magen.
Schmor- und Kochfleisch: Nacken (Kamm), Bauch, Rippchen.
Bratfleisch: Schinken (Keule, Schnitzelstück), Rücken (Kotelettstück), Nacken (Kamm), Vorderschinken (Schulter), Leber, Gehirn, Nieren.

Hammel

Kochfleisch: Kopf, Füße nur als Suppenknochen, Flecke, Zunge.
Schmor- und Kochfleisch: Hals, Bauch, Rippchen.
Bratfleisch: Keule, Rücken (Kotelettstück), Schulter, Leber, Gehirn!

Die folgende Tabelle gibt Anleitung für das fachgerechte Zerlegen der Schlachttiere, das Einfrieren und die spätere Verwendung.

Fleischart	Verarbeitung	Verpackungsmaterial
Bratenstücke	Lende, Filet, Kamm, Schulter, in die für eine Mahlzeit erforderlichen Stücke teilen, Knochen herauslösen, Stückgewicht nicht über 2,5 kg. Fleischhöhe nicht über 10 cm Rindfleisch u. U.	Frischhalte-Sichtfolie, Flachbeutel
Suppenfleisch	Schulterblatt, Brust, Fehlrippe, in entsprechende Stücke teilen. Gewicht nicht über 1 bis 2 kg.	Frischhalte-Sichtfolie, Flachbeutel
Schnitzel, Steak, Kotelette, Rouladen	Filet, Roastbeef, Oberkeule, Kotelettstück oder Keule in einzelne 1½–2 cm dicke Scheiben schneiden.	Einzelne Scheiben durch Klarsichtfolie oder Fettpapier trennen. In Flachbeutel oder Frischhaltefolie verpacken zu maximal 4 Stück pro Einheit
Gulasch, Ragout	Brust, Hochrippe, Hals, Schulter in Würfel à 2 x 2 cm schneiden.	In Flachbeutel oder Gefrierbehälter füllen
Hackfleisch	Nicht als Brat- oder Kochstücke verwendbare Teile von Roastbeef, Hochrippe, Bug, Schulter durch einen Fleischwolf drehen.	In Flachbeutel in kleinen Mengen und flach, damit die Ware schnell gefriert
Schmalz, Talg	Flomen, Darmfett, Rinderfett durch den Fleischwolf drehen, mit Zwiebelscheiben und Apfelscheiben ausbraten.	Aluminiumbehälter
Innereien	Leber, Nieren, Herz säubern und in gewünschte Portionen teilen.	Kunststoffbehälter
Speck, Bauchspeck, Eisbein	Räucherspeck, Bauchspeck, Eisbein u. a. in gewünschte Stücke portionieren, roh gesalzen oder geräuchert lagern.	Aluminiumfolie, Klarsichtfolie, Flachbeutel
Wurst	Kopf, Hals, Backe, Leber, Bauch, Speck, Schlußstück aufteilen und z. T. kochen. Nach bekannten Rezepten zusammenstellen, zerkleinern, würzen und abfüllen. Fertige Wurst brühen.	Schlauchfolie, Flachbeutel

Weitere Tips zum Einfrieren

Gefrieren von Milch- und Eierprodukten

Selbstverständlich möchte die Hausfrau auch Milch- und Eierprodukte durch Einfrieren konservieren.
Nur homogenisierte Milch läßt sich einfrieren. Bei Sahne sieht es anders aus. Je fetter die Sahne ist, um so geeigneter ist sie zum Einfrieren und zum Auftauen. Sahne darf jedoch nur langsam auftauen, da sie sonst ausflockt. Natürlich kann die Sahne auch geschlagen eingefroren werden. Es empfiehlt sich, Sahne schon vorgespritzt auf einem Blech einzufrieren und dann in Beutel umzupacken. Damit haben Sie schon vorportionierte Sahne, um evtl. Torten o. ä. zu garnieren. Bei Quark – ob mit oder ohne Früchte –, Käse und Butter gibt es keine Bedenken gegen eine Einfrierung. Lediglich Süßrahmbutter ist der Sauerrahmbutter oder gesalzenen Butter vorzuziehen. Alle diese Artikel sollen, wie schon oben erwähnt, langsam aufgetaut werden, am besten im Kühlschrank. Eier können nicht mit der Schale eingefroren werden. Entweder werden Eiweiß und Eigelb getrennt und dann eingefroren, oder man verquirlt beides und friert es in diesem Zustand ein. Wenn Sie Eigelb separat einfrieren, sollten Sie etwas Zucker oder Salz hinzugeben; damit ist gewährleistet, daß die Masse ihre Konsistenz behält. Die Eimasse kann dann zum Backen, für Rührei oder Eierpfannkuchen Verwendung finden.

Gefrieren von Suppen

Suppen stets gut abkühlen lassen. Falls Suppen mit Einlagen eingefroren werden sollen, so empfiehlt es sich, Suppe und Einlage getrennt einzufrieren. Suppen lassen sich am besten in einer rechteckigen Form (Kastenform: z. B. Eiswürfelbehälter des Kühlschrankes) oder einer Konservendose einfrieren. Nach Abkühlung und Gefrierung (ca. 24–48 Std.) den Eisblock mittels kurzer Antauzeit aus der Form lösen, in einen Beutel oder ähnliches umpacken und einlagern. Lagerzeit: bis ca. 5 Monate. Zum Auftauen die Suppe tiefgefroren in einen Topf geben und erhitzen. Suppeneinlagen in die entsprechende kochende Suppe geben und erhitzen.

Gefrieren von Fertiggerichten

Ihr Tiefkühlgerät wird zum ›Wundergerät‹, wenn Sie auch fertige Gerichte heimgefrieren können. Bei plötzlichem Besuch, Krankheitsfällen oder vorübergehender Abwesenheit der Hausfrau ist es sehr vorteilhaft, einen Vorrat fertiger Mahlzeiten zu haben. Anstelle der normalen Menge für ein Mittag- oder Abendessen werden zu diesem Zweck mehrere Portionen vorbereitet, gut verschlossen und eingefroren. Man muß nicht besonders erwähnen, daß auf diese Weise viel Zeit gespart werden kann. Geld wird natürlich auch gespart, denn zukünftig bleibt nichts mehr übrig, was verderben kann. Grundsätzlich sollten die einzelnen Mahlzeitkomponenten – Fleisch, Soße, Gemüse und Beilagen – jeweils getrennt eingefroren werden. Sie haben dadurch eine größere Variationsmöglichkeit bei der Wiederverwendung. Andererseits haben die einzelnen Komponenten unterschiedliche Auftauzeiten, die Sie besser im Auge behalten können. Wenn Sie separate Fertiggerichte kochen, nur um diese einzufrieren, ist es ratsam, die Speisen nicht ganz gar zu kochen. Desgleichen sollten Sie diese Speisen auch vor dem Einfrieren nicht fertig würzen und die Bindemittel erst nach dem Auftauen dazugeben. Der Geschmack der Gewürze und die Bindefähigkeit der verschiedenen Bindemittel leidet beim Einfrieren.

Das Auftauen

Merken Sie sich als obersten Grundsatz, daß aufgetaute Nahrungsmittel niemals wieder eingefroren werden dürfen. Deshalb tauen Sie stets nur so viel auf, wie Sie gleichzeitig verbrauchen können. Da die Speisen unter Einsatz modernster Mittel schnell konserviert werden, sollte auch der Auftauprozeß so schnell wie möglich abgewickelt werden. Eigentlich ist dies weniger kompliziert, als Nahrungsmittel einzufrieren. In den meisten Fällen nutzt man die Nacht, um die Speisen aufzutauen. Es bleibt dann noch das Erhitzen und die geschmackliche Überprüfung. Dicke und kompakte Speisen dauern zwischen 2 und 5 Stunden, bis sie aufgetaut sind. Wenn Sie viel Zeit zum Auftauen haben, können Sie dies auch im Kühlschrank bei +2 °C bis +8 °C tun. Selbstverständlich können Sie Fertiggerichte im Backofen auftauen. Diesen müßten Sie dann auf 250 °C einstellen und Wasser in die Bratpfanne geben. Die Industrie hat bereits elektrische Geräte entwickelt, die die Speisen in kürzester Zeit auftauen und erhitzen.

Rohes Fleisch sollten Sie so langsam wie möglich auftauen, nur so haben Sie die Gewähr dafür, daß Ihnen nicht zu viel Fleischsaft austritt, welches ja letztlich ein Gewichtsverlust ist. Es ist auch empfehlenswert, das rohe Fleisch nicht zu sehr auszupacken, da auch dadurch ein Fleischsaftaustritt weitgehend vermieden werden kann. Zum Auftauen sollte man sich als Faustregel merken, daß die Nahrungsmittel bei Zimmertemperatur pro Stunde 1 cm auftauen sollten.

Gemüse im tiefgekühlten Zustand sollte in den Topf gegeben und bei mittlerer Hitze gedünstet oder gedämpft werden.

Tiefgefrorener *Fisch* wird in der Regel konsumfertig angeboten, d. h. meist als Fischfilet bereits paniert, und eignet sich ohne vorheriges Auftauen zum Backen, Braten und Grillen. Forellen oder andere kleinere Fische kommen unaufgetaut in einen vorbereiteten Fischsud oder in eine heiße Pfanne und werden dann gegart. Bei größeren Fischen ist es problematischer. Sie müssen schon an- bzw. aufgetaut sein, da sie sonst innen noch roh sind, während sie außen schon zerkochen.

Von *Geflügel* soll vor dem Auftauen die Verpackung entfernt werden. Die Auftauzeit für ganzes Geflügel liegt je nach Größe und Temperatur zwischen 4 und 23 Stunden. Meist sind bei Suppenhühnern die Innereien eingelegt. Ist dies nicht der Fall, so können Suppenhühner sofort – unaufgetaut – im siedenden Wasser – mit entsprechenden Gewürzen und Suppengemüse gekocht werden.

Nachfolgend einige Auftauzeiten für Geflügel und Fleisch:

Artikel	Menge	Stunden bei Zimmertemperatur
Hähnchen	ca. 0,7 kg	4– 6
Huhn	ca. 1,4 kg	10–13
Ente	ca. 1,6 kg	10–13
Gans	ca. 5,0 kg	18–23
Truthahn	ca. 5,5 kg	18–23
Fleisch	ca. 2,0 kg	6– 8

Maße und Gewichte

Wenn auf den nachfolgenden Seiten bei den verschiedenen Rezepten bestimmte Gewichtsmengen angeführt werden, dann benutzen Sie bitte die hier genannten Werte. Zwar sollen in einem Haushalt Küchenwaage und Meßbecher immer benutzt werden, jedoch werden in Rezepten häufig kleine Mengen angegeben, bei denen es viel zu zeitaufwendig wäre, diese genau abzuwiegen oder zu messen. Aus diesem Grund haben sich bei den Hausfrauen sogenannte Haushaltsmaße eingeführt, die zwar nicht ganz genau sind, die sich aber bewährt haben: Kaffeelöffel, Eßlöffel und Tasse. Bei den in der Tabelle angegebenen Gewichtsmengen wird davon ausgegangen, daß sie randvoll gefüllt und glattgestrichen sind. Die gebräuchlichen Haushaltsmaße werden durch folgende Begriffe ergänzt:

Prise = die Menge, die sich zwischen drei Finger fassen läßt
Schuß = etwa reichlich 1 Eßlöffel Flüssigkeit;
Spritzer = die Hälfte von einem Schuß.
Desweiteren sollte man wissen, daß
1 Kilogramm = 1000 Gramm,
0,1 Kilogramm = 100 Gramm = $^1/_{10}$ kg
sind und 1 Liter Flüssigkeit 1 Kilogramm wiegt. Es wiegt:
1 Kartoffel etwa 100 g
1 Apfel etwa 100 g
1 Zwiebel etwa 50 g

Gewichtsmengen:	Kaffee-löffel/g	Eßlöf-fel/g	Tasse/g
Salz	5	20	–
Zucker	4	15	150
Mehl	3	10	100
Grieß	3	12	120
Reis	5	18	180
Gräupchen	4	15	150
Haferflocken	2	8	80
Fett	5	20	–

Zum Einfrieren von Suppen verwendet man verschließbare Plastik- oder Alugefäße

Suppen zum Einfrieren

Suppen und Eintöpfe auf Vorrat zu kochen ist ideal, denn sie eignen sich vorzüglich zum Einfrieren. Wenn man auf Vorrat kochen kann, lohnt es sich auch wieder, eine *echte* Suppe zu kochen – speziell in kleinen Haushalten – und so einmal auf die Industrieprodukte zu verzichten. Man kauft Fleisch und Markknochen und kocht für 10–12 Portionen eine kräftige Rindfleisch- oder Hühnerbrühe; oder wie wäre es mit einem frischen Gemüsetopf, wozu Sie entweder Ihren Garten räubern oder auf dem Markt einkaufen können? Auch die Einlagen sind kein Problem mehr, denn für 10–12 Portionen lohnt es sich, einen Teig für Grieß-, Hackfleisch- oder Markklößchen zuzubereiten und einzeln portioniert einzufrieren. Eierstich ist leider nicht sehr gut geeignet, da er nach dem Auftauen schwammig wird und nach nichts schmeckt.

Nun einige Rezepte für Suppen, die sich besonders zum Selbsteinfrieren eignen.

Knochenbrühe

500 g Suppenknochen, 2 Bd. Suppengrün, 2 l Wasser, 1 EL Fett, Salz, 2 Brühwürfel, gehackte Kräuter

Knochen gründlich waschen und mit geputztem, kleingeschnittenem Suppengrün in zerlassenem Fett anschmoren. Wasser zugießen und leicht salzen. Nach Ende der Garzeit den Topf abkühlen lassen und die Brühe sorgfältig absieben.
Wenn notwendig, vor dem Anrichten mit Brühwürfel nachwürzen. Reichlich gehackte Kräuter dazugeben, nach Belieben mit einer Einlage versehen und in Tassen servieren.

Garzeit: Schnellkochtopf: 30 Minuten;
               Normaltopf: ca. 2 Stunden.
Lagerzeit: bis 3 Monate.
Auftauen: gefroren bei geringer Hitze.

Gemüsebrühe

500 g Gemüse (je nach Jahreszeit), 1 kl. Zwiebel, 1 Petersilienwurzel, 1 EL Margarine, 1 ½ l Wasser, Brühwürfel, Salz

Gemüse gut waschen, kleinschneiden und in zerlassenem Fett andünsten und mit in Wasser aufgelöstem Brühwürfel aufgießen. Im geschlossenen Topf garen. Vor dem Servieren evtl. nachwürzen. Verfeinern kann man die Gemüsebrühe noch mit Eierstich, Grieß- oder Markklößchen. Einlagen nach dem Auftauen hinzufügen.

Garzeit: Schnellkochtopf: 12 Minuten;
               Normaltopf: ca. 35 Minuten.
Lagerzeit: 4–5 Monate.
Auftauen: gefroren bei geringer Hitze.

Für die Grundbrühen gibt es natürlich viele weitere Variationsmöglichkeiten durch verschiedene Einlagen:
- mit gekochtem Reis.
- mit gekochten Nudeln.
- Eierstich (1 Ei, 4 EL Milch, Salz, Muskat). Zutaten verquirlen, Schüssel mit Margarine einfetten, Flüssigkeit hineingeben, in siedendem Wasserbad stocken lassen. Masse mit Löffel oder Messer ausstechen.
- mit Eidotter.
- mit Rindermark.
- mit in Streifen geschnittenem Gemüse.
- mit Grießnockerln (50 g Butter, 120 g Grieß, 1–2 Eier, Salz, Muskat). Butter schaumig rühren, Grieß, Eier und Gewürze nach und nach hinzugeben. Mit einem Kaffeelöffel Klößchen formen und in Salzwasser sieden lassen.
- mit Semmelklößchen (30 g Butter, Salz, 1 Ei, 60 g Semmelbrösel).
Zubereitung wie Grießnockerln. Zur Geschmacksverfeinerung: Muskat, 1 EL geriebener Käse.

Fleischbrühe

*300 g Rinderknochen, 300 g Rindfleisch, 2 Bd. Suppen-
grün, 1 Tomate, 1 Zwiebel mit Lorbeerblatt und Nelke
gespickt, 1¹/₂–2 l Wasser, Salz; Petersilie oder Schnittlauch zum Bestreuen*

Knochen, Fleisch und Suppengrün gründlich waschen,
das Gemüse grob zerkleinern. Alles zusammen mit kaltem Wasser aufsetzen. Aufkochen lassen und abschäumen, erst dann den Topf schließen. Nach Ende der
Garzeit (wenn notwendig verlängern) die Suppe mit
Salz abschmecken, absieben und nach Wunsch mit
Einlagen servieren.
Gehackte Petersilie oder Schnittlauch vor dem Anrichten darüberstreuen.

Garzeit: Schnellkochtopf: 30 Minuten;
            Normaltopf: ca. 3 Stunden.
Lagerzeit: bis 3 Monate.
Auftauen: gefroren bei geringer Hitze auftauen.

Hühnerbrühe

*1 Suppenhuhn, Innereien, 1 Bd. Suppengrün, 1¹/₂ l Was-
ser, Salz, Muskat, 1 Gläschen Weißwein*

Das Wasser mit dem geputzten und kleingeschnittenen
Suppengrün heiß werden lassen. Das Huhn mit Innereien und die Gewürze hinzufügen. Bei offenem Topf
aufkochen lassen, erst dann den Topf schließen und
alles garen. Die fertige Brühe absieben, nachwürzen
und mit einem Schuß Weißwein verfeinern. Das Fett evtl.
abschöpfen. Das Hühnerfleisch würfeln und in die
Suppe geben.
Nach dem Auftauen eignen sich als Einlagen besonders
Spargel, Reis oder ein Eiereinlauf.

Garzeit: Schnellkochtopf: 25–30 Minuten;
            Normaltopf: ca. 2 Stunden.
Lagerzeit: 3 Monate.
Auftauen: gefroren bei geringer Hitze.

Französische Zwiebelsuppe

*500 g Zwiebeln, 1–2 Knoblauchzehen, 3 EL Butter oder
Margarine, Salz, Pfeffer, 1¹/₂ l Brühe, 4 Scheiben
Toastbrot, 100 g geriebener Käse zum Bestreuen.*

Zwiebeln schälen und in Ringe schneiden. Knoblauchzehen zerdrücken. Im Fett hellbraun dünsten und mit
Brühe aufgießen. Mit Salz und Pfeffer abschmecken,
umrühren und kochen lassen.
Nach dem Auftauen in Tassen füllen und mit getoaste-
ten Toastscheiben belegen, die mit Käse bestreut sind.
Im heißen Grill überbacken.

Garzeit: 30 Minuten.
Lagerzeit: 2–3 Monate.
Auftauen: gefroren bei geringer Hitze.

Gulaschsuppe

*350 g Rind- und Schweinefleisch gemischt, 1 EL Fett,
250 g Tomaten, 2 Paprikaschoten, 2 Kartoffeln, 2 Zwiebeln, 1 Bd. Suppengrün, 2 geriebene Knoblauchzehen, 1¹/₂ l Wasser, Paprika, Salz, Pfeffer, Kümmel,
1 Prise Zucker, abgeriebene Schale von 1 Zitrone,
3 EL Sahne, 1 Gläschen Rotwein*

Fleisch in Würfel schneiden und im heißen Fett anbraten. Suppengrün und Paprikaschoten putzen und kleinschneiden. Zwiebel, Tomaten und Kartoffeln schälen,
ebenfalls würfeln und zusammen mit dem Gemüse und
den geriebenen Knoblauchzehen zum Fleisch geben.
Durchdünsten und mit Wasser aufgießen. Die Gewürze
hinzufügen und nach dem Aufkochen den Topf schließen.
Nach dem Auftauen die Suppe mit Sahne, 1 Prise
Zucker, abgeriebener Zitronenschale und Rotwein abschmecken.

Garzeit: ca. 45 Minuten.
Lagerzeit: 2–3 Monate.
Auftauen: gefroren bei geringer Hitze zwischendurch
            umrühren.

Tomatensuppe »Mailänder Art«

2 Zwiebeln, 2 EL Olivenöl, 1 Knoblauchzehe, Petersilie, Thymian, Basilikum, Majoran, Oregano, 1 kg reife Tomaten (geschält), ca. 100 g gekochter Reis oder Spaghetti, 1,5 l Brühe, Salz, Pfeffer, Parmesankäse, in Öl geröstete Weißbrotstücke

Zwiebeln würfeln, Knoblauchzehe zerdrücken, beides in Olivenöl hell andünsten. Gewürze (je ¼ KL) hinzugeben, Tomaten einrühren. Mit Brühe auffüllen. Reis oder Spaghetti und gebräunte Weißbrotwürfel nach Ende der Garzeit in die Suppe geben, servieren. Parmesankäse aufstreuen.

Garzeit: 30 Minuten.
Lagerzeit: 3–4 Monate.
Auftauen: gefroren bei geringer Hitze.

Linsensuppe

200 g Linsen, 1 Zwiebel, 2 Kartoffeln, 1 ¼ l Wasser, Salz, 100 g durchwachsener Speck, 1 EL Margarine, 4 geräucherte Würstchen, 1 Schuß Rotwein

Die eingeweichten Linsen mit gewürfelter Zwiebel, gewürfelten Kartoffeln und Wasser einmal aufkochen lassen. Die Suppe salzen und den Topf schließen. Während der Garzeit den Speck würfeln, in heißem Fett glasig braten und die Würstchen darin kurz mitbraten. Die gebräunten Speckwürfel mit den Würstchen zur fertigen Suppe geben. Die Suppe kann auch statt mit einem Schuß Rotwein mit einem Schuß Essig abgeschmeckt werden.

Garzeit: ca. 40 Minuten.
Lagerzeit: Mit Speck und Würstchen ca. 2 Monate, ohne ca. 4 Monate.
Auftauen: gefroren bei geringer Hitze, zwischendurch umrühren.

Erbsensuppe

1 Kartoffel, 1 Möhre, 1 Stange Porree, 1 EL Fett, 200 g eingeweichte Erbsen, 1 ½ l Wasser, 100 g Speck, 1 Zwiebel, Petersilie

Gemüse putzen, würfeln und in heißem Fett andünsten. Die Erbsen dazugeben und mit Wasser auffüllen. Aufkochen, einmal umrühren, erst dann den Topf schließen und die Suppe garen. Speck und Zwiebel würfeln, in einer Pfanne bräunen und zusammen mit gehackter Petersilie zur Suppe geben.

Garzeit: ca. 40 Minuten.
Lagerzeit: Mit Speckwürfeln 2 Monate, ohne 3–4 Monate.
Auftauen: gefroren bei geringer Hitze, zwischendurch umrühren.

Nur frisches und einwandfreies Gemüse auf Vorrat einfrieren! ▷

Fleisch, Wild und Geflügel zum Einfrieren

Fleisch als Fertiggericht einzufrieren ist wegen der zumeist langen Garzeit sehr zeitsparend. Aber nicht nur Zeit spart man, sondern auch Energiekosten, ganz abgesehen von dem sonst doppelten oder dreifachen Zeit- und Arbeitsaufwand, den das anschließende Reinigen des Backofens in Anspruch nimmt. Gerade auch im kleinen Haushalt lohnt es sich, größere Portionen zuzubereiten und dann in Portionen dem Haushalt entsprechend einzufrieren. Wenn Sie zum Beispiel gern Zunge essen, können mit Hilfe eines Gefriergerätes gleich mehrere Portionen im Vorrat zubereitet werden, denn die Zunge kauft man ja im ganzen und ein Zweipersonenhaushalt wird Schwierigkeiten haben, eine Rinderzunge auf einmal zu verzehren. Aber auch der Aufwand des Bratens im Backofen oder der Rouladenherstellung lohnt sich erst bei größeren Mengen, und dabei ist das Gefriergerät eine große Hilfe, wenn man portioniert einfriert.

Geschmorter Rinderbraten

750 g Rinderbratenfleisch, 50 g Speck, 70 g Öl, Salz, Suppengrün, 50 g Zwiebeln, 100 g Tomaten, 3/4 l Brühe, 3 EL Mehl, Salz, Pfeffer, 1 Glas Rotwein

Speck würfeln, in heißem Öl glasig werden lassen und herausnehmen. Fleisch mit Salz und Pfeffer einreiben und anbraten. Suppengrün zugeben, Brühe auffüllen und schmoren lassen.
Vor dem Servieren die Soße binden, abschmecken, durchsieben und mit Rotwein verfeinern.
Garzeit: 1 1/2–2 Stunden.
Lagerzeit: 2–3 Monate.
Tip zum
Einfrieren: Nach dem Garen den Braten aus dem Fond nehmen. 5 Minuten ruhen lassen und dann in Scheiben schneiden. Die Fleischscheiben portionsgerecht in Alufolie verpacken. Den Fond separat einfrieren.
Auftauen: Den Fond im Topf bei mäßiger Hitze auftauen und die Fleischscheiben zum Auftauen hineinlegen. Nach dem Erhitzen die Fleischscheiben herausnehmen und die Soße wie gewohnt fertigstellen.

Sauerbraten vom Rind

750 g Rinderschmorfleisch; Beize: 5 Wacholderbeeren, 1 Lorbeerblatt, 1 Zwiebel, Nelke, 1/4 Sellerie, 2 Möhren, Essig, 50 g Öl, Salz; zum Braten: Wurzelwerk, Lorbeerblatt; Soße: 4 EL Mehl, Salz, Pfeffer, Zucker

Fleisch waschen, abtrocknen, in die gekochte, abgekühlte Beize legen und 3–4 Tage liegen lassen. Herausnehmen, abtrocknen und im heißen Öl anbraten. Wurzelwerk hinzufügen, mit einem Teil der Beize auffüllen und garen. Vor dem Servieren die Soße zubereiten.
Garzeit: 1 1/2 Stunden.
Lagerzeit: 2–3 Monate.
Tip zum
Einfrieren: Nach dem Garen den Braten aus dem Fond nehmen. 5 Minuten ruhen lassen und dann in Scheiben schneiden. Die Fleischscheiben portionsgerecht in Alufolie verpacken. Den Fond separat einfrieren.
Auftauen: Den Fond im Topf bei mäßiger Hitze auftauen und die Fleischscheiben zum Auftauen hineinlegen. Nach dem Erhitzen die Fleischscheiben herausnehmen und die Soße wie gewohnt herstellen.

Gekochtes Rindfleisch mit Meerrettichsoße

1 l Wasser, Streuwürze, 500 g Rindfleisch, 1 Schächtelchen Helle Soße, 2–3 EL geriebener Meerrettich, Saft ½ Zitrone, 1 Prise Zucker

Wasser mit der Streuwürze würzen und das Rindfleisch darin gar kochen. Sehr günstig läßt sich hier ein Schnellkochtopf einsetzen.

Vor dem Servieren ¼ l Fleischbrühe abmessen und die Helle Soße nach Anweisung darin zubereiten. Mit Meerrettich, Zitronensaft und Zucker abschmecken.

Das Rindfleisch in Scheiben schneiden und mit Meerrettichsoße servieren.

Garzeit: 1½–2 Stunden.

Lagerzeit: 2–3 Monate.

Tip zum

Einfrieren: Das Fleisch gar und abgekühlt in Scheiben schneiden und portioniert in Alufolie einfrieren. Die Brühe separat, ebenfalls portioniert, einfrieren.

Auftauen: Das Fleisch in der Alufolie im Backofen bei 170–190 °C ca. 30–40 Minuten auftauen. In der Zwischenzeit die Soße wie im Rezept angegeben fertigstellen. Die aufgetauten Rindfleischscheiben anrichten und mit der Meerrettichsoße überziehen.

Zungenragout

1 Rinderzunge, Salz, 1½ l Wasser, Streuwürze, 1 Bd. Suppengrün, 40 g Fett, 50 g Mehl, ½ l Brühe, Salz, Pfeffer, Rotwein, 1 Prise Zucker, 100 g Champignons

Die Zunge waschen und in gewürztem leichtem Salzwasser gar kochen. Geputztes Suppengrün in der letzten Stunde zufügen. Die Haut von der Zungenspitze aus entfernen, Fett und Knorpel ausschneiden. Zunge für das Ragout in Würfel schneiden.

Vor dem Servieren aus Fett und Mehl mit ½ l Zungen-

brühe eine dunkle Grundsoße herstellen. Mit Salz, Pfeffer, Rotwein und Zucker abschmecken. Die Zungenwürfel und die in Scheiben geschnittenen Champignons hinzufügen.

Garzeit: ca. 3 Stunden.

Lagerzeit: 3 Monate.

Tip zum

Einfrieren: Die gare Zunge in Würfel schneiden und das Fleisch portioniert in passende Behälter schichten. Die Zungenbrühe gleichmäßig darüber verteilen und einfrieren.

Auftauen: Den Inhalt der Behälter in einen Topf geben. 2 EL heißes Wasser hinzufügen und bei mäßiger Hitze auftauen. Das Ragout wie beschrieben fertigstellen.

Geschmortes Rinderherz

500 g Rinderherz, Buttermilch, 30 g Bratfett, 50 g Speck, Salz, Pfeffer, ½ l Brühe, 20 g Mehl, Rotwein

Das Herz wird von Haut, Adern und Blut befreit und mehrere Stunden in Buttermilch gelegt. Den gewürfelten Speck im Bratfett auslassen und das gut gewürzte Herz von allen Seiten anbraten. Mit Brühe bedeckt schmoren lassen. Das Herz herausnehmen und warm stellen. Vor dem Servieren die Soße mit in Buttermilch angerührtem Mehl binden und mit Rotwein abschmecken. Das Herz in Scheiben schneiden und die Soße darübergeben.

Garzeit: 1½ Stunden.

Lagerzeit: 2–3 Monate.

Tip zum

Einfrieren: Das Herz in Scheiben schneiden und in Alufolie portioniert einfrieren. Den Schmorfond separat einfrieren.

Auftauen: Die Herzscheiben in der Alufolie bei 190 °C in ca. 30–40 Minuten im Backofen auftauen. In der Zwischenzeit die Soße wie beschrieben zubereiten und über die Herzscheiben gießen.

Rouladen

4 dünne Rindfleischscheiben, Salz, Pfeffer, Paprika, Senf, Tomatenmark, 100 g Speckstreifen, 2 Gewürzgurken, 2 Zwiebeln, 20 g Bratfett, 1 EL Stärkemehl, 1/8 l saure Sahne

Die Fleischscheiben mit den Gewürzen bestreuen und auf einer Seite mit Senf und Tomatenmark bestreichen. Speckstreifen sowie die in Streifen geschnittenen Gurken und Zwiebeln darauf verteilen. Die Fleischscheiben aufrollen und mit Rouladennadeln feststecken. In heißem Bratfett anbräunen, mit 1/8–1/4 l heißem Wasser aufgießen und gar schmoren. Vor dem Servieren Stärkemehl mit saurer Sahne verrühren und die Bratensoße damit binden.

Garzeit: 50–70 Minuten.
Lagerzeit: 2 Monate.
Tip zum
Einfrieren: Die Rouladen mit dem Bratenfond portioniert in passenden Behältern einfrieren.
Auftauen: Die Rouladen bei mäßiger Hitze in 30–40 Minuten auftauen. Dann warm stellen und die Soße wie beschrieben fertigstellen.

Schweinebrust gefüllt

1–1,5 kg Schweinebrust, Salz, Pfeffer; Füllung: 1 Brötchen, gewürfelte Zwiebel, 250 g Hackfleisch, 2 Eier, Salz, Pfeffer, 1/2 EL Majoran, 1 KL Paprika; Soße: 3 EL Mehl, 1/4 l Wasser

Fleisch waschen und abtrocknen. Eine Tasche hineinschneiden und würzen. Die Zutaten für die Füllung mischen, in die Tasche geben und zustechen oder -nähen. Im Backofen bei ca. 210 °C garen. Das Fleisch in Scheiben schneiden. Vor dem Servieren den Bratenfond mit Wasser und Mehl anrühren und über das Fleisch verteilen.

Garzeit: 1 1/2 Stunden.
Lagerzeit: 1–2 Monate.

Tip zum
Einfrieren: Nach dem Garen das Fleisch aufschneiden und portioniert in Alufolie einfrieren.
Auftauen: Das Fleisch im Backofen in Alufolie verschlossen bei 190 °C in ca. 35 Minuten auftauen. In der Zwischenzeit die Soße wie beschrieben fertigstellen.

Steaks und Kurzgebratenes

Steaks und Kurzgebratenes eignen sich sehr gut zur Bevorratung im Gefriergerät, jedoch im rohen Zustand. Wenn man mehrere Stücke Kurzgebratenes zusammen einfriert, so legt man jeweils ein leicht geöltes Folienstück zwischen die Fleischscheiben. So lassen sie sich beim Auftauen schneller trennen und der Auftauvorgang wird beschleunigt.

Kurzgebratenes läßt man antauen, bis es sich biegen läßt und die Würze oder auch die Panade haften bleibt. Zunächst bei etwas geringerer Hitze anbraten und zum Schluß kroß braten. Bei Rumpsteaks ist zu empfehlen, sie ganz aufzutauen, damit sie schön saftig bleiben und man sie nach Wunsch zart rosa braten kann.

Nachfolgend einige Rezepte, wie Sie Kurzgebratenes zubereiten können.

Rumpsteak (Entrecote double)

2 tiefgefrorene Entrecote, Öl, Salz, Pfeffer, etwas Senf

Das Entrecote wird aus dem Zwischenrippenstück des Rindes geschnitten (Bezeichnung auf Speisekarten: Doppeltes Rumpsteak).

Das aufgetaute Fleisch mit Senf bestreichen und von jeder Seite ca. 6–8 Minuten braten.

Mit Remouladensoße, Cornichons, Perlzwiebeln, Pommes frites, gebuttertem Gemüse und Salaten servieren.

Gefrieren von Fleisch

Fleischartikel	zu verwenden	Einfrierhinweis	Auftauen und Zubereitung
Kalbfleisch: Braten	ja bis 8 Monate	roh: vorbereitet zum Braten / gegart: portioniert mit Soße	auftauen lassen und dann braten / tiefgefroren aufwärmen
Kalbshaxe	ja bis 6 Monate	roh: vorbereiten zum Braten / gegart: mit Soße	auftauen lassen und dann braten / tiefgefroren erhitzen
Ragout/ Gulasch Frikassee	ja bis 7 Monate	roh: würfeln, lose einfrieren und verpacken / gegart: portioniert mit Soße	angetaut lt. Rezept verwenden / tiefgefroren aufwärmen
Rindfleisch: Braten	ja bis 8 Monate	roh: vorbereitet zum Braten / gegart: portioniert mit Soße	auftauen lassen und dann braten / tiefgefroren aufwärmen
Gulasch, Ragout	ja bis 6 Monate	roh: würfeln, lose einfrieren und verpacken / gegart: portioniert mit Soße	angetaut lt. Rezept verwenden / tiefgefroren aufwärmen
Fleisch für Suppen	ja bis 8 Monate	mit und ohne Knochen / gegart: in Portionen schneiden, lose frieren und verpacken	unaufgetaut in heißem Wasser ansetzen / aufgetaut verwenden
Rouladen	ja bis 6 Monate	roh: portioniert, jede Scheibe durch Folie getrennt / gegart: portioniert mit Soße	angetaut, bis die Scheiben zu rollen sind / tiefgefroren aufwärmen
Schweinefleisch: Braten	ja bis 4 Monate	roh: vorbereitet zum Braten / gegart: portioniert mit Soße	auftauen lassen / tiefgefroren aufwärmen
Gulasch/ Ragout	ja bis 4 Monate	roh: würfeln, lose einfrieren und verpacken / gegart: portioniert mit Soße	angetaut lt. Rezept / tiefgefroren aufwärmen
Schweinefilet	ja bis 4 Monate	roh: vorbereitet zum Braten / gegart: portioniert mit Soße	auftauen lassen und dann braten / tiefgefroren aufwärmen
Schweinshaxe/ Schweinerippen	ja bis 2 Monate	roh: vorbereitet zum Braten / gegart: mit Soße	auftauen lassen und dann braten / tiefgefroren erhitzen
Hammel- und Lammfleisch: Braten	ja bis 4 Monate	roh: vorbereitet zum Braten / gegart: portioniert mit Soße	auftauen lassen und dann braten / tiefgefroren aufwärmen
Ragout/ Frikassee	ja bis 4 Monate	roh: würfeln, lose einfrieren und verpacken / gegart: portioniert mit Soße	angetaut lt. Rezept verwenden / tiefgefroren aufwärmen
Hackfleisch/ Bratwurst	ja bis 3 Monate	roh: gut verpacken, kleinere Päckchen / gegart: als Hackbraten, Klopse o. ä.	auftauen und wie gewöhnlich verwenden wenn ohne Soße, tiefgefroren in die Pfanne geben
Innereien: (Herz, Leber und Nieren)	ja bis 3 Monate	roh: koch- bzw. bratfertig vorbereiten / gegart: portioniert mit Soße	auftauen und wie gewöhnlich verwenden antauen lassen und aufwärmen

Rumpsteak

4 tiefgefrorene Rumpsteaks, Öl, Salz, Pfeffer

Die aufgetauten Rumpsteaks leicht klopfen, 4–6 Minuten auf jeder Seite braten.
Mit gerösteten Zwiebelringen, Pfifferlingen, gefüllten Tomaten und Kräuterbutter, Gemüse, Salaten, Pommes frites oder verschiedenen Kartoffelgerichten servieren.

Kluftsteak

2 tiefgefrorene Kluftsteaks (ca. 700 g), Öl, Salz, Pfeffer, 3 Zwiebeln, 2 EL Margarine

Das aufgetaute Fleisch (aus der Keule) etwas klopfen, von jeder Seite 8–10 Minuten braten und würzen. Zwiebelscheiben dünsten.
Mit gegrillten Ananasscheiben, Orangenscheiben, Bananen, Erbsen, Cocktailkirschen und Kartoffeln servieren.

Pariser Pfeffersteak

4 tiefgefrorene Filetsteaks (je 200 g), 1 Schwenker Weinbrand, 1 Glas Weißwein, 50 g Butter, 1 EL schwarze Pfefferkörner, Salz

Pfefferkörner in die aufgetauten Filetsteaks eindrücken. In der Butter von jeder Seite 1 Minute bräunen, mit Weinbrand löschen und anzünden. Auf einer Platte warm halten.
Bratensatz mit Wein mischen, durchschlagen und über die Steaks geben. Mit Pommes Chips servieren.

Wiener Schnitzel

4 tiefgefrorene Kalbsschnitzel, Salz, Panade, Fett, 4 Zitronenscheiben, 4 Sardellenfilets, Kapern

Die angetauten, gesalzenen und panierten Schnitzel ca. 4 Minuten auf jeder Seite braten. Auf Küchenpapier abfetten lassen. Auf vorgewärmter Platte mit Zitronenscheiben, Sardellenfilets und Kapern anrichten.

Schweinekoteletts

4 tiefgefrorene Schweinekoteletts, Salz, Pfeffer, Fett, Panade, Gurkenscheiben, Zitronenviertel, Petersilie

Die angetauten, gewürzten und panierten Koteletts von jeder Seite 4–8 Minuten braten. Mit Tomatenachteln, Gurkenscheiben, Zitronenvierteln und Petersilie anrichten.

Schnitzel »Mailänder Art«

4 tiefgefrorene Kalbsschnitzel, Salz, Pfeffer, Panade, 3 EL Parmesankäse, Makkaroni oder Spaghetti, Butter, gekochter Schinken, Zunge, Champignons, Tomatenketchup, geriebener Käse

Die angetauten Schnitzel würzen und in der Panade, unter die der Parmesankäse gemischt wurde, wenden. Von jeder Seite bis zu 4 Minuten braten. Nudeln kochen und in Butter schwenken. Die Schnitzel mit den Nudeln, dem in Streifen geschnittenen Schinken und den übrigen Zutaten anrichten.

Schnitzel »Holsteiner Art«

4 tiefgefrorene Kalbsschnitzel, Mehl, Fett, Salz, 4 Eier, Pfeffergurken, Rote Bete, Perlzwiebeln

Die angetauten, gesalzenen und in Mehl gewendeten Schnitzel von jeder Seite bis zu 4 Minuten braten.
4 Spiegeleier bereiten, auf die Schnitzel legen und mit den übrigen Zutaten garniert anrichten.

Gefrieren von Steaks und Kurzgebratenem

Fleischartikel	zu ver- wenden	Einfrierhinweis	Auftauen und Zubereitung
Kalbfleisch:			
Schnitzel/ Koteletts/ Medaillons	ja bis 7 Monate	roh: portioniert, jede Scheibe durch Folie getrennt	antauen lassen, wenn nötig, etwas klopfen, würzen, evtl. panieren
Rindfleisch:			
Filet/ Roastbeef	ja bis 7 Monate	roh: vorbereitet zum Braten gegart: nicht empfehlenswert	aufgetaut verwenden
Schweinefleisch:			
Schnitzel/ Koteletts/ Medaillons	ja bis 3 Monate	roh: portioniert, jede Scheibe durch Folie getrennt	antauen lassen, wenn nötig etwas klopfen, würzen, evtl. panieren

Geflügel

Heute kaufen wir das Geflügel meistens fertig vorbereitet und gefroren aus der Tiefkühltruhe. Es lohnt sich nur dann, Geflügel selbst einzufrieren, wenn man genügend Platz im Gefriergerät hat und eine günstige Einkaufsquelle kennt. Die Ware darf nur dann eingefroren werden, wenn sie garantiert frisch ist. Das Geflügel wie üblich vorbereiten und fachgerecht für das Gefriergerät verpacken. Vor dem Zubereiten bei Zimmertemperatur auftauen lassen und wie frische Ware zubereiten. Anschließend wieder einige Rezeptanregungen. Die fertigen Gerichte können dann auch wieder eingefroren werden, da das Geflügel dann seinen Zustand von roh auf gar verändert hat. Nur dann darf wieder eingefroren werden. Niemals etwas Aufgetautes im gleichen Zustand wieder einfrieren! Fertige Geflügelgerichte sollten nicht länger als 3 Monate eingefroren bleiben. Bei fettem Geflügel empfiehlt sich sogar, die Gefrierzeit nicht über 2 Monate auszudehnen. Die Soßen erst nach dem Auftauen binden und fertig abschmecken. Damit die Auftauzeit nicht zu lange währt, ist es zu empfehlen, das Geflügel vor dem Einfrieren zu portionieren und im Kühlschrank aufzutauen – am besten über Nacht.

Gefrieren von Geflügel

Fleischartikel	zu ver- wenden	Einfrierhinweis	Auftauen und Zubereitung
Gans: bis 5 kg	ja bis 4 Monate Lagerung	roh, evtl. bereits gefüllt und bratfertig	auftauen lassen und dann braten
Ente: bis 2,5 kg	gut 3–4 Monate Lagerung	roh, evtl. bereits gefüllt und bratfertig	auftauen lassen und dann braten
Suppenhuhn: 1 kg	gut bis 5 Monate Lagerung	roh, evtl. bereits kochfertig mit Suppengrün gekocht in Portionsstücken	roh: tiefgefroren in kochendes Salzwasser geben gekocht: tiefgefroren in kochende Brühe oder Soße geben
Hähnchen 0,750 kg	ja bis zu 8 Monaten	roh, ungeteilt oder portioniert	ungeteilte Hähnchen auftauen lassen. Portionierte Teile antauen lassen
Poularde: bis 1,5 kg	gut bis zu 8 Monaten	roh, ungeteilt bratfertig gefüllt	vor dem Braten auftauen lassen
Geflügelklein:	ja bis 5 Monate	roh und bzw. gegart	tiefgefroren in kochendes Salzwasser
Hähnchenschlegel:	gut bis zu 8 Monaten	roh bzw. gegart	roh: aufgetaut braten gegart: tiefgefroren verwenden
Hähnchenfiletschnitzel:	gut bis zu 5 Monaten	roh und paniert bzw. unpaniert	unaufgetaut braten

Hähnchenschnitzel mit Sherry

1–2 Pakete tiefgefrorene, unpanierte Hähnchenschnitzel, 1 Tasse Sherry, 60 g Butter, Salz, Pfeffer, 5 EL Hühnerbrühe, 2 EL Mehl, 6 EL Weißwein, 75 g Champignons, 1/8 l süße Sahne, Rosmarin, Weinbrand

Angetaute Hähnchenschnitzel mit der Hälfte des Sherry übergießen, ganz auftauen lassen, dabei kühl stellen. Fleisch abtrocknen, mit Salz und Pfeffer würzen. In heißer Butter anbraten, restlichen Sherry dazugeben und schmoren lassen. Schnitzel aus der Pfanne nehmen.
Im Bratensatz das Mehl bräunen, mit Brühe und Weißwein ablöschen und aufwallen lassen. Soße abschmecken, Champignons dazugeben und alles über die Schnitzel gießen.

Garzeit: 10–15 Minuten.
Lagerzeit: ca. 2 Monate.
Auftauen: Über Nacht im Kühlschrank auftauen. Den Bratensatz erst nach dem Auftauen auffüllen, binden und abschmecken.

Hühnereintopf mit Reis

1 tiefgefrorenes Suppenhuhn, 2 1/2 l Wasser, Wurzelwerk, Salz, Muskat, 1 Tasse Reis, 1 grüne Paprikaschote, 3 enthäutete Tomaten, 1 Zwiebel, 30 g Margarine, Petersilie

Das Suppenhuhn mit Innereien in kaltem Salzwasser aufsetzen. Wurzelwerk und Zwiebel dazugeben. Nach Ende der Garzeit das Huhn herausnehmen und kurz in kaltes Wasser legen. Dadurch bleibt das Fleisch weiß und fest. Paprikaschote säubern und in feine Streifen schneiden. Zusammen mit den Tomaten andünsten. Mit Hühnerbrühe auffüllen, den separat gekochten Reis hinzugeben. Huhn zerteilen, in kleinen Stücken in den Eintopf geben.
Abschmecken und mit Petersilie garnieren.

Garzeit: 2–2 1/2 Stunden.
Lagerzeit: ca. 2 Monate.
Auftauen: Bei geringer Hitze unter Hinzufügen von 4–5 EL Brühe auftauen. Die Petersilie erst nach dem Auftauen hinzufügen.

Hühnerfrikassee mit Spargel und Champignons

1 tiefgefrorenes Suppenhuhn, Suppengrün, 2,5 l Wasser; Soße: 60 g Butter, 70 g Mehl, 80 g Spargel, 80 g Champignons, Saft einer 1/2 Zitrone, 1 Eigelb, Salz

Huhn mit Suppengrün im Wasser gar kochen. Mehlschwitze bereiten, mit Hühnerbrühe aufgießen und abschmecken. Mit Eigelb abziehen, Fleischwürfel, Spargel und Champignons dazugeben. Mit Zitronensaft und Salz abschmecken.

Garzeit: ca. 2–2 1/2 Stunden.
Lagerzeit: 3 Monate.
Auftauen: Über Nacht im Kühlschrank auftauen. Die Frikasseesoße erst nach dem Auftauen zubereiten.

Hähnchen »Coq au vin«

1 tiefgefrorenes Hähnchen, Salz, Margarine, geräucherter Speck, 2 Zwiebeln, 1 Knoblauchzehe, 200 g Champignons, 100 g Perlzwiebeln, 1/4 l Grundbrühe, 6 EL Rotwein, 3 EL Mehl, Zucker

Hähnchen auftauen, waschen, abtrocknen, zerlegen und salzen. Speck anbraten, Hähnchen hineingeben, Zwiebeln, Champignons und Knoblauchzehe dazugeben, 15 Minuten schmoren lassen. Mit Grundbrühe und Rotwein auffüllen. Das gare Fleisch herausnehmen. Fond binden, mit Salz und etwas Zucker abschmecken.

Garzeit: ca. 45 Minuten.
Lagerzeit: 2–3 Monate.
Auftauen: über Nacht im Kühlschrank auftauen. Den Fond erst nach dem Auftauen binden.

Putenkeule gefüllt

2 tiefgefrorene Putenkeulen, Salz; Füllung: ca. 250 g Hackfleisch, 1 Zwiebel, 1 Brötchen, 1 Ei, 10 geschälte Maronen, 1 EL süße Sahne, Salz, Pfeffer, 50 g Geflügelleber; zum Braten: 60 g Fett, ¼ l Brühe, 250 g Champignons, 200 g geschälte Maronen, 1 kl. Dose Cocktailwürstchen; Soße: ⅛ l Brühe, ⅛ l süße Sahne, Salz, 2 EL Mehl

Die aufgetauten Putenkeulen entbeinen, entsehnen und salzen. Hackfleisch mit fein gehackter Zwiebel, eingeweichtem, ausgedrücktem Brötchen, Ei, gehackten Maronen, Sahne, gewürfelter und in Butter gewendeter Geflügelleber, Salz und Pfeffer vermengen. Putenkeulen füllen und zunähen. Bei 200 °C unter ständigem Begießen braten. Champignons und Maronen dazugeben, nach 20 Minuten die Cocktailwürstchen. Weitere 10 Minuten braten.
Fleisch herausnehmen, mit Brühe auffüllen, binden und abschmecken.

Garzeit: ca. 45 Minuten (je nach Dicke der Putenkeulen).

Lagerzeit: 1–2 Monate.

Auftauen: Über Nacht im Kühlschrank oder bei 180 °C in Alufolie verpackt im Backofen. Soße erst nach dem Auftauen binden.

Wild

Wild – und dazu gehören Hirsch, Reh, Wildschwein, Hase und Wildkaninchen – ist würzig und aufgrund seines geringen Wasser- und Fettgehaltes leicht verdaulich. Das sind Eigenschaften, die Wildfleisch auch für Diätgerichte verwendbar machen. Damit die Erwartungen an das Wildgericht erfüllt werden, ist zu beachten:
Da das Muskelgewebe vom Wildfleisch fest und nicht durch Fett gelockert ist, soll Wild länger als das Fleisch der übrigen Schlachttiere abhängen. Auf den ausgesprochenen Wildgeruch (Hautgoût), ein durch zu langes, evtl. unsachgemäßes Lagern entstandener unangenehmer Geruch, sollte jedoch verzichtet werden.
Bei Wildschwein empfiehlt es sich, eine allzu harte Schwarte zu lösen und das Fleisch älterer Tiere 2 Tage vor der Zubereitung zu beizen.
Die Keulen von Wildkaninchen brauchen eine längere Garzeit als der Rücken. Deshalb ist es am besten, diese Teile getrennt zu braten. Die Rückenwirbel sollen vor der Zubereitung mehrfach eingeknickt werden, damit sich der Rücken während des Bratens nicht verzieht.
Vom Kaninchen werden Kopf, Hals, Vorderläufe und Bauchlappen als Hasenklein verwendet.
Wildfleisch soll vor der Zubereitung unbedingt gehäutet und von den Sehnen befreit werden. Längeres Einlegen in scharfe Beize ist vor allem angebracht, wenn es sich um Fleisch älterer Tiere handelt. Es gibt verschiedene Möglichkeiten, eine Beize zu bereiten: Das Fleisch 2 Tage in geschlagene Buttermilch legen, dabei häufig wenden.
Rotwein aufkochen, über das Fleisch gießen und es 8 bis 10 Stunden darin ziehen lassen.
Halb Weinessig, halb Wasser zusammen mit Nelken, Wacholderbeeren, Lorbeerblatt und Pfefferkörnern aufkochen. Erkaltet über das Fleisch gießen und es 1–2 Tage darin ziehen lassen. Möglichst Sellerie, Thymian, Estragon und Basilikum dazugeben. Verschiedene gemahlene Gewürze, z. B. Pfeffer, Piment, Wacholderbee-

Alle Lebensmittel, die eingefroren werden sollen, müssen sorgfältig verpackt werden ▷

ren, und Öl verrühren. Das vorbereitete Fleisch damit einreiben und 3 bis 4 Stunden zugedeckt stehen lassen. Oft wird das Wildfleisch gespickt oder mit Speck umwickelt.

Hasenrücken

1 Hasenrücken, 100 g fetter Speck, Salz, Margarine, 1/4 l saure Sahne, 1/4 l Wasser, Stärkemehl

Fleisch waschen, abtrocknen, häuten und mit dünnen Speckstreifen spicken. Margarine erhitzen und darübergeben. Unter mehrfachem Begießen braten. Ist der Bratensatz braun, nach und nach saure Sahne hinzufügen.
Vor dem Servieren Bratensatz lösen und binden. Abschmecken.

Garzeit:	40–60 Minuten.
Lagerzeit:	2–3 Monate.
Tip zum Einfrieren:	Den garen Hasenrücken und den Bratenfond separat einfrieren.
Auftauen:	Über Nacht im Kühlschrank auftauen. Erst dann den Bratenfond, nachdem der Hasenrücken darin erhitzt wurde, mit der sauren Sahne verquirlen, Stärkemehl hinzufügen und die Soße binden.

Junger Fasan »Lukull«

1 Fasan, 2 EL Brühe, Salz, Pfeffer; Füllung: 120 g fetter, durchwachsener Speck, 150 g Geflügelleber, 100 g helle Semmelbrösel, 2 EL Weinbrand, Salz, Pfeffer; Beilage: 350 g Kartoffeln, 8 Artischockenböden, 50 g Champignons, 2 EL Fleischextrakt, 200 g Butter

Fasan waschen, abtrocknen, salzen und pfeffern. Speck und Geflügelleber würfeln, in Butter im Römertopf anschwitzen, danach fein wiegen. Semmelbrösel, Weinbrand, Salz und Pfeffer dazugeben. Den Fasan füllen, zunähen und ca. 15–20 Minuten ohne Deckel im Römertopf anbraten. Zudecken und gar braten. Kartoffeln schälen, schneiden und wie Oliven formen. Artischockenböden vierteln, Champignons schneiden. Alles salzen, pfeffern und in Butter weich dünsten. Fasan anrichten, mit Fleischextrakt übergießen und 5 Minuten überbacken. Mit Weinbrand übergießen.

Garzeit:	60 Minuten.
Lagerzeit:	Als Fertiggericht und gefüllt nicht länger als 2–3 Monate.
Auftauen:	Bei Zimmertemperatur je nach Größe bis 6 Stunden.

Wildschweinbraten mit Kruste

1 1/2 kg Wildschweinfleisch, Salz, Wurzelwerk, Zwiebel, 1/2 l Rotwein, Fleischbrühe, 75 g Schwarzbrot, Zucker, Zimt, Butter, Lorbeerblatt, Salbei, Pfefferkörner, Nelken

Wurzelwerk und Gewürze (außer Zucker und Zimt) in eine Pfanne geben. Mit Rotwein auffüllen, Fleisch einlegen und mit kochendem Wasser auffüllen, bis das Fleisch bis zur Hälfte in der Flüssigkeit liegt. Deckel auflegen. Nach Ende der Garzeit Fleisch herausnehmen, Schwarte abziehen und in Scheiben schneiden. Geriebenes Schwarzbrot mit Zucker und Zimt mischen, Fleisch damit bestreuen, mit Butter beträufeln und überbacken.

Garzeit:	ca. 1 1/2 Stunden.
Lagerzeit:	2–3 Monate.
Tip zum Einfrieren:	Das Fleisch in Scheiben geschnitten in Alufolie verpackt einfrieren.
Auftauen:	In der Folie über Nacht im Kühlschrank oder im Backofen bei 170–190 °C in ca. 30 Minuten auftauen. Anschließend erst mit geriebenem Schwarzbrot, Zucker und Zimt überbacken.

Wildente gefüllt in spanischer Weinsoße

1 gr. oder 2 kl. Wildenten; Füllung: 4 Brötchen, 2 Eier, 1 Bd. feingeschnittener Schnittlauch, 300 g Hackfleisch, Salz, Pfeffer, Thymian; 100 g fetter Speck, 1 Glas Weißwein, 2 EL Instant Bratensoße, 1/8 l Portwein, 1/8 l Saft von 2 Orangen und 1 Zitrone, 100 g halbierte, entkernte Weintrauben, 3 EL feingehackte süße Mandeln, 2 EL Sahne

Wildente waschen, abtrocknen und mit der Hackfleischfüllung füllen. Zunähen, mit Speckscheiben umwickeln und anbraten. Weißwein zugießen, Instant Bratensoße mit Portwein, Zitrussaft verrühren und zu der Wildente gießen. Einmal aufkochen und dann mit mäßiger Hitze die Wildente garen. Zum Schluß die vorbereiteten Weintrauben, die Mandeln zufügen und mit Sahne abschmecken. Wenn notwendig, mit Stärkemehl die Soße noch binden.

Garzeit: ca. 60 Minuten.
Lagerzeit: Als Fertiggericht nicht länger als 3 Monate.
Auftauen: Bei Zimmertemperatur je nach Größe bis zu 5 Stunden auftauen lassen. Die Wildente im Soßenfond einfrieren und erst nach dem Auftauen binden.

Gefrieren von Wild

Fleischartikel	zu verwenden	Einfrierhinweis	Auftauen und Zubereitung
Wild: (Reh, Hirsch, Hase, Wildschwein) Blatt	ja bis 7 Monate	enthäuten und entsehnen roh: vorportionierte Stücke gegart: portioniert mit Soße	antauen bzw. auftauen lassen und dann braten tiefgefroren aufwärmen
Keule	ja bis 7 Monate	enthäuten und entsehnen roh: bratfertig vorbereitet (falls gespickt kürzere Lagerzeit) Schnitzelscheiben durch Folieneinlage trennen gegart: portioniert mit Soße	antauen bzw. auftauen lassen, in Beize legen und dann braten tiefgefroren aufwärmen
Rücken	ja bis 7 Monate	enthäuten und entsehnen roh: vorbereiten zum Braten gegart: portioniert mit Soße Kotelettscheiben durch Folieneinlage trennen **Achtung:** Falls gespickt, kürzere Lagerzeit	antauen bzw. auftauen lassen, evtl. noch in Beize legen und dann braten tiefgefroren aufwärmen
Hals/ Brust	ja bis 7 Monate	enthäuten und entsehnen roh: würfeln, lose einfrieren und verpacken gegart: mit Soße	antauen lassen, evtl. noch in Beize legen und dann braten gegart: tiefgefroren aufwärmen
Wildgeflügel: Fasan, Rebhuhn, Wildente, Wachtel	ja bis zu 7 Monaten	roh; evtl. auch gefüllt	aufgetaut verwenden

Gemüse und Eintöpfe zum Einfrieren

Wenn man Gemüse selbst einfrieren will, muß man selbst einen Garten haben oder eine günstige Einkaufsquelle, sonst lohnt sich der Aufwand nicht. Man hat auch nie die Garantie, wie frisch das Gemüse ist, das man kaufen muß. Erntefrische allein garantiert aber 100%ige Güte des Gefriergutes. Das Gemüse wird wie gewohnt geputzt, gewaschen und je nach Verwendungszweck zerkleinert. Dann 3–5 Minuten blanchieren und gut abgekühlt abtrocknen und fachgerecht verpacken.

Eintöpfe dagegen sind wieder ideal, um als Fertiggericht eingefroren zu werden, denn gerade Eintöpfe in großen Mengen gekocht schmecken besonders gut. Die meisten Eintöpfe eignen sich vorzüglich zum Einfrieren.

Gemüse

Gemüse finden Sie heute schon in einem vielfältigen Angebot als tiefgefrorene Ware bei Ihrem Kaufmann in der Tiefkühltruhe. Gemüse ist einer unserer wertvollsten Vitaminträger. Da Vitamine sehr empfindlich sind gegen hohe Temperaturen sowie Einflüsse von Licht und Luft, ist die richtige Zubereitung der Tiefkühlkost besonders wichtig, weil nur dadurch der volle Nährwert erhalten bleibt. Bitte beachten Sie stets die auf den Tiefkühlpackungen angegebenen Anleitungen, und hier besonders die Kochzeiten. Diese können bis zu einem Drittel kürzer sein, als Sie es normalerweise von frischem Gemüse gewöhnt sind. Bei einer zu starken Übergarung können Nährstoffe, Geschmack und Aussehen wesentlich beeinträchtigt werden.

Nachfolgend finden Sie Ratschläge für die Zubereitung von Tiefkühlgemüse. Bei diesen Gemüsen hat sich als schonendste Zubereitungsart das Dünsten in wenig Fett und im eigenen Saft oder das Kochen in sehr wenig Wasser erwiesen. Das Kochwasser von Gemüse sollten Sie nicht weggießen, sondern immer mitverwenden. In diesem Gemüsefond befinden sich meist Spuren von Vitaminen und ähnlichem. Bei zu langem Garen und Warmhalten des Gemüses leidet die Farbe und der erntefrische Eigengeschmack geht verloren. Daß durch zu langes Garen und Warmhalten ein erheblicher Verlust an Vitaminen entsteht, braucht wohl nicht besonders erwähnt zu werden.

Erbsen
Tiefgefrorene Erbsen in einen Topf mit leicht gesalzenem kochendem Wasser geben, etwas Butter dazu. Bei mittlerer Hitze ca. 10–12 Minuten dünsten. Mit Zucker, Salz und Muskat abschmecken.

Brechbohnen
Bohnen unaufgetaut in einem Topf mit wenig gesalzenem, kochendem Wasser ca. 10–12 Minuten dünsten, evtl. etwas Butter zugeben. Abschmecken mit Bohnenkraut, Salz und Pfeffer.

Spinat
Butter im Topf zergehen lassen, tiefgefrorenen Spinat hineingeben und 10–15 Minuten garen. Mit Salz, Pfeffer und Muskat würzen, evtl. etwas Sahne zugeben. Spinat nur einmal aufkochen lassen!

Erbsen-Möhren-Gemüse
Erbsen und Möhren in einen Topf mit wenig gesalzemem, kochendem Wasser geben. Etwas Fett oder ausgelassenen Speck mit angeschwitzter Zwiebel hinzufügen. 10–15 Minuten garen. Dann binden, abschmecken und mit Petersilie garnieren.

Gewürfelte Möhren
Möhren in einen Topf kochendes Salzwasser geben, evtl. Butter, Margarine, ausgelassenen Speck und angeschwitzte Zwiebel hinzugeben. 10–12 Minuten dünsten. Abschmecken mit Salz und Zucker, mit Petersilie bestreuen.

Grünkohl

Zwiebel- und Speckwürfel andünsten. Den tiefgefrorenen Grünkohl dazugeben, ca. 30 Minuten garen. Abschmecken mit Salz und Pfeffer, evtl. mit Haferflocken binden.

Rosenkohl

Rosenkohl unaufgetaut in wenig gesalzenes, kochendes Wasser geben. Etwas Fett zugeben. Im zugedeckten Topf einmal aufkochen lassen und 10–15 Minuten bei mäßiger Hitze garen. Würzen mit Salz und Muskat. Abänderung: helle Mehlschwitze mit klein gewürfelter Zwiebel bereiten, mit Gemüsebrühe aufgießen.

Rotkohl

Speck und Zwiebeln auslassen, den unaufgetauten Rotkohl hineingeben, etwas Wasser zugießen. Langsam heiß werden lassen, dann 45 Minuten garen. Je nach Geschmack Äpfel, Zwiebeln und 2 Nelken zugeben. Danach abschmecken mit Salz, Pfeffer, Zucker und Essig. Evtl. Zwiebel und Nelken herausnehmen.

Grüne Bohnen

Bohnen in kochendes, gesalzenes Wasser geben. Sehr schnell zum Kochen bringen, 10–15 Minuten bei mäßiger Hitze garen lassen. Bohnen auf einem Sieb abtropfen lassen. Speck und Zwiebeln anschwitzen, Bohnen hinzugeben und abschmecken. Evtl. auch eine Mehlschwitze bereiten.

Eintopfgerichte

Im Verlauf vieler Generationen haben sich beim Kochen aller Zutaten in einem Topf Gerichte entwickelt, die es an Güte und Wohlgeschmack mit Delikatessen aufnehmen können. Dies sind die Eintopfgerichte. Werden Eintöpfe allerdings stundenlang gekocht, wird ein so gutes Ergebnis kaum zu erreichen sein; deshalb muß hier noch einmal mit Nachdruck betont werden: Eintöpfe dürfen nicht zu lange und nicht zu sprudelnd kochen, sondern sollen – gut zugedeckt – nach dem Aufkochen nur mäßig sieden. Zutaten mit kurzer Garzeit (junge Gemüse, Pilze, Fisch etc.) werden erst nach und nach zugegeben, damit sie nicht verkochen.

Bunter Gemüseeintopf

250 g grüne Bohnen, 250 g Möhren, 2 Stangen Porree, 1 Paket tiefgefrorene Erbsen, 1 Sellerie, 700 g Kartoffeln, 2 Zwiebeln, 1 kg Markknochen, pro Person 2 Bockwürste, Salz, Petersilie

Im kochenden Wasser die Markknochen kurz zum Kochen bringen, dann abgießen und kalt abspülen. Die Markknochen mit kaltem Wasser wieder ansetzen, mit Salz würzen und ca. 6 Stunden schwach sieden lassen. Das Gemüse putzen und in Streifen und Würfel schneiden. Die Brühe von den Markknochen abgießen und das Gemüse darin ca. 40–45 Minuten kochen lassen. Den Gemüseeintopf mit Salz abschmecken und in eine Suppenterrine umfüllen. Mit geschnittener Petersilie garnieren und mit heißer Bockwurst servieren.

Garzeit: 40–45 Minuten.

Lagerzeit: ca. 2 Monate.

Tip zum
Einfrieren: Den Eintopf in portionsgerechte Behälter füllen und einfrieren.

Auftauen: In einem Topf mit 3–4 EL heißem Wasser mit geringer Hitze unter mehrmaligem Umrühren auftauen. Erst zum Servieren Petersilie und Bockwurst dazugeben.

Gefrieren von Gemüse

Gemüseart	geeignete Sorten	Lagerdauer	Vorbereitung	Blanchier-zeit Minuten	Zubereitungen
Blumenkohl	feste, weiße Sorte	12 Monate	Blätter entfernen, Röschen erteilen	3 bis 5	nicht auftauen lassen
Broccoli	junges, dunkelgrünes Gemüse	12 Monate	Blätter entstrunken	2	nicht auftauen, in Butter und mit Salz dämpfen
Grüne Bohnen	fadenlose Sorte	12 Monate	Spitzen abschneiden ca. 3 cm lang brechen	3	nicht auftauen lassen mit Gewürzen dämpfen
Grüne Erbsen	süße Mark-erbsen	12 Monate	enthülsen und verlesen	2	nicht auftauen, mit Butter und Gewürzen dämpfen
Grünkohl	gut gekrauste Sorten	12 Monate	entstrunken, waschen	2	nicht auftauen und in Fett dünsten
Kohlrabi	junger und zarter Kohlrabi	12 Monate	waschen, schälen und in Streifen oder Scheiben schneiden	–	nicht auftauen, in Butter und mit Gewürzen dämpfen
Möhren	junge, tiefrote mittellange Sorte	12 Monate	wie gewohnt zubereiten putzen und in Streifen, Scheiben oder Stifte schneiden	2 bis 3	nicht auftauen, in Butter und Gewürzen dämpfen
Petersilie	krause Sorte	12 Monate	entstielen, waschen, zerkleinern (wiegen)	–	zum Garnieren und in Speisen unaufgetaut verwenden
Pilze	geeignete Sorten wie Steinpilze feste Röhrlinge Champignons	12 Monate	frische, gesunde Pilze putzen und in Scheiben schneiden	3 bis 4 in Butter	zu geeigneten Speisen oder als Gemüse

Gemüseart	geeignete Sorten	Lagerdauer	Vorbereitung	Blanchier-zeit Minuten	Zubereitungen
Rosenkohl	alle festen und grünen Sorten	12 Monate	wie zum sofortigen Gebrauch zubereiten, putzen und waschen	3 bis 4	nicht auftauen, mit Gewürzen dämpfen oder dünsten 25 bis 30 Minuten
Rotkohl	feste Köpfe	12 Monate	wie zum sofortigen Gebrauch, dem Blanchierwasser etwas Zitronensaft oder Essig zugeben	2 bis 3	mit Fett dünsten 35 bis 40 Minuten
Spargel	nicht zur Verholzung neigende Sorten	12 Monate	wie zum sofortigen Verbrauch evtl. in Stücke schneiden	3 bis 4	unaufgetaut in kochendes Wasser legen, 10 bis 20 Minuten garkochen, abgießen, in Butter schwenken
Spinat	hochstrebende Sorten	12 Monate	wie zum sofortigen Verbrauch nach dem Blanchieren, hacken oder als Blattgemüse einfrieren	1 bis 2	unaufgetaut wie Frischgemüse zubereiten
Suppengrün	Petersilie, Sellerieknollen und -blätter Porree, Möhren und Kräuter	12 Monate	übliche Verarbeitung	2 bis 4	portionsweise einfrieren und unaufgetaut verwenden
Weißkohl, Wirsing, Spitzkohl	Sorten mit festen Köpfen	12 Monate	übliche Verarbeitung, wie zum sofortigen Verbrauch in Streifen schneiden	2	unaufgetaut wie Frischgemüse verwenden. Spitzkohl und Wirsing evtl. etwas Milch zusetzen

Reiseintopf

400 g Gulasch, Fett, 1 Zwiebel, Wurzelwerk, 5 Tomaten, 3/4 l Brühe, Salz, Muskat, 200 g Patnareis, Petersilie

Fleisch anbräunen, Zwiebeln und Wurzelwerk sowie die geviertelten Tomaten zugeben, alles kurz anschwitzen lassen. Mit Brühe auffüllen, Salz und Muskat unterrühren. 60 Minuten kochen lassen, dann den gewaschenen Reis hinzugeben. Noch 30 Minuten kochen lassen. Mit Petersilie garnieren.

Garzeit: ca. 1½ Stunden.
Lagerzeit: ca. 3 Monate.
Tip zum
Einfrieren: Der Eintopf kann bis auf die Petersilie fertig zubereitet werden. Zum Einfrieren das Gericht in portionsgerechte Behälter füllen und in das Gefriergerät stellen.
Auftauen: In einem Topf mit 3–4 EL heißem Wasser bei geringer Hitze unter mehrmaligem Umrühren auftauen. Zum Servieren frische Petersilie unterziehen.

Kartoffelsuppe »ländliche Art«

100 g durchwachsener, geräucherter Speck, 2 Zwiebeln, 1 Bund Wurzelwerk, Salz, Majoran, 1,5 kg Kartoffeln, 1 Brühwürfel, saure Sahne, Petersilie, Schnittlauch, Fleischwurst

Im gewürfelten Speck die Zwiebeln und das zerkleinerte Wurzelwerk dünsten. Die in Scheiben geschnittenen Kartoffeln zugeben. Mit Wasser oder Brühe auffüllen und garen. Abschmecken und mit Fleischwurst servieren.

Garzeit: ca. 1 Stunde.
Lagerzeit: 1–2 Monate.
Tip zum
Einfrieren: Den Eintopf fertig zubereiten und in portionsgerechten Behältern einfrieren.
Auftauen: In einem Topf mit 3–4 EL heißem Wasser bei geringer Hitze unter mehrmaligem Umrühren auftauen. Die Wurst im Eintopf erhitzen.

Linsensuppe mit Räucherwurst

400 g Linsen, durchwachsener, geräucherter Speck, Wurzelwerk, 600 g Kartoffeln, Salz, Pfeffer, Essig, etwas Zucker, Räucherwurst

Linsen einige Stunden in kaltem Wasser einweichen, dann erhitzen. Wurzelwerk, Speck und Salz zugeben. 20 Minuten vor Garende die gewürfelten Kartoffeln zugeben, Speck herausnehmen, evtl. würfeln und wieder dazugeben. Abschmecken und mit Räucherwurst servieren.

Garzeit: 1½ Stunden.
Lagerzeit: 1–2 Monate.
Tip zum
Einfrieren: Den Eintopf fertig zubereiten und den Speck gewürfelt dazugeben. In portionsgerechten Behältern einfrieren.
Auftauen: In einem Topf mit 3–4 EL heißem Wasser bei geringer Hitze unter mehrmaligem Umrühren auftauen. Die Räucherwurst im Eintopf erhitzen.

Tiefgekühlter Fisch

Fisch wird man nur einfrieren, wenn er fangfrisch ist. Er wird sorgfältig gewaschen, gesäubert und ausgenommen. Dann kommt er 2–4 Stunden unverpackt in das Vorgefrierfach und wird anschließend in kaltes Wasser getaucht. Diese dünne Eisglasur schützt vor Austrocknung. Größere Fische können auch in Portionen oder filetiert eingefroren werden.

Hier nun einige Rezeptanregungen zur Zubereitung von Tiefkühlfisch.

Kabeljauschnitten mit Béchamelkartoffeln

1 Paket tiefgekühltes Kabeljaufilet, Essig, Salz, 2 Zwiebeln, 20 g Margarine, 1 Paket tiefgekühlte Erbsen (300 g), 1 kl. Glas Pfifferlinge, Paprika, 4 Scheiben Emmentaler Käse (60 g)

Das Kabeljaufilet antauen, säuern und salzen. Zwiebeln fein würfeln und in Margarine dünsten. Erbsen und die abgegossenen Pfifferlinge dazugeben. Gut durchdünsten und mit Salz und Paprika abschmecken. In eine Auflaufform geben, die Kabeljaustücke sowie die Käsescheiben darauflegen. Mit Deckel im vorgeheizten Backofen bei 220 °C ca. 25 Minuten überbacken. Vor dem Servieren mit Paprika bestreuen.

Forellen im Teigmantel

4 tiefgekühlte Forellen, 1 Zitrone, 1 KL Salz, 2 EL Mehl; Ausbackteig: 2 Eier, 5 EL Mehl, 2 EL Milch, 1 Prise Salz, ½ l Öl

Die Forellen leicht antauen lassen. Mit Zitronensaft beträufeln, mit Salz würzen und in Mehl wenden. Für den Teig die Zutaten mit einem Handrührgerät verquirlen. Die Forellen in den Teig tauchen und in heißem Öl goldgelb ausbacken.

Fischschaschlik (5 Spieße à 150 g)

1 Paket tiefgekühltes Fischfilet, 200 g durchwachsener Räucherspeck, 1 gr. Zwiebel, 1 grüne Paprikaschote, 2 Gewürzgurken, Paprika, Salz, Pfeffer, Öl

Fischfilet antauen lassen und in große Würfel schneiden. Zwiebel blättrig, Speck, Paprikaschote und Gewürzgurken in Scheiben schneiden. Das ganze wechselweise auf Schaschlikspieße stecken und in der Paprika-Salz-Pfeffermischung wälzen. Behutsam von allen Seiten in Öl braten oder grillen. Dazu reicht man Kartoffelsalat mit frischen Kräutern.

Gold-Backfisch mit bunter Salatplatte

1 Paket tiefgekühlter Gold-Backfisch, Fett, 4 Tomaten, 1 Kopf Salat, 1 Salatgurke, 100 g Feldsalat, Salatsoße

Den Gold-Backfisch aus der Packung nehmen und in einer Pfanne in wenig heißem Fett bei schwacher Hitze etwa 12–15 Minuten braten, bis er goldgelb und knusprig ist. Der Fisch muß dabei mehrmals gewendet werden. Inzwischen Gurke und Tomaten waschen und in Scheiben schneiden, Kopf- und Feldsalat putzen und waschen. Die so vorbereiteten Salate mit einer nach Belieben zubereiteten Soße anmachen und einzeln anrichten. Nach Wunsch mit einer Zitronenscheibe belegen.

Erdbeeren kann man mit oder ohne Zucker einfrieren ▷

Schollenfilet mit buntem Gemüse und Kartoffelpüree

375 g Paprika (rot, gelb, grün), 15 g durchwachsener Speck, 1 gr. Zwiebel, 10 g Margarine, Salz, 1 Paket tiefgekühltes Schollenfilet, Margarine zum Braten, Kartoffelpüree

Die Paprikaschoten achteln und entkernen. Speck in Streifen, Zwiebel in Scheiben schneiden; beides in Margarine andünsten, Paprika zugeben und kurz mitdünsten. Salz und 1 Schuß Wasser zufügen und das Gemüse ca. 15 Minuten garen. Nochmals abschmecken. Inzwischen die Schollenfilets in Margarine nach Päckchenanweisung braten. Fisch und Gemüse auf einer vorgewärmten Platte anrichten. Kartoffelpüree nach Päckchenanweisung zubereiten und dazu reichen.

Fischtaschen »Piroschka«

1 Paket tiefgekühltes Fischfilet, 1 Paket tiefgekühlter Blätterteig, 1 Zwiebel, 1 Knoblauchzehe, 1 kl. Glas rote Paprikaschoten, 2 Gewürzgurken, 30 g Margarine, 2 EL Mehl, 1/4 l Milch, 2 KL Tomatenmark, Paprika, etwas Petersilie, 1 Ei

Den Blätterteig auftauen lassen. Das Fischfilet läßt man soweit antauen, daß man kleine Würfel schneiden kann. Zwiebeln, Knoblauch, Gurken und Paprikaschoten werden ebenfalls gewürfelt. In der zerlassenen Margarine Zwiebeln und Knoblauch schwitzen, dann das Mehl zugeben. Mit Milch auffüllen und die Soße unter sorgfältigem Rühren aufkochen, ehe man Tomatenmark, Paprikaschoten, Gewürzgurken, Petersilie und Gewürze hinzugibt. Die Masse gut abschmecken. Nach dem Erkalten werden die Fischwürfel untergemischt.

Inzwischen hat man den ausgerollten Blätterteig zu Quadraten geschnitten. In die Mitte jedes Teigstückes kommt ein Eßlöffel Fischmasse. Die Ränder mit verklopftem Ei bestreichen. Dann jedes Quadrat zu einem Dreieck falten, dabei an den Rändern den Teig fest zusammendrücken.
Die Fischtaschen werden auf ein mit Wasser benetztes Backblech gesetzt, mit verklopftem Eigelb bestrichen und im vorgeheizten Backofen bei 200 °C ca. 15–20 Minuten gebacken. Gut schmeckt dazu ein grüner Salat.

Gefrieren von Fisch

Fischartikel	zu verwenden	Einfrierhinweis	Auftauen und Zubereitung
Aal	ja bis 1 Monat Lagerung	ausgenommen enthäuten, in Stücke schneiden	tiefgefroren für Aal ›blau‹
Forelle	ja bis 2 Monate Lagerung	ausgenommen, waschen	tiefgefroren für Forelle ›blau‹ zum Panieren aufgetaut
Karpfen	ja bis 2 Monate Lagerung	ausgenommen, waschen, evtl. schuppen, bei großen Tieren portioniert einfrieren	tiefgefroren für Karpfen ›blau‹, sonst aufgetaut verwenden
Makrele/ Schleie/ Barsch/ Rotauge	ja bis 5 Monate Lagerung	ausgenommen, waschen, evtl. innen würzen. In Aluminiumfolie einwickeln und einfrieren	angetaut zum Panieren; wenn in Aluminiumfolie, dann tiefgefroren verwenden
Hecht	ja bis 3 Monate Lagerung	ausnehmen, evtl. würzen, evtl. schuppen, große Tiere portioniert einfrieren	je nach Rezept tiefgefroren oder aufgetaut verwenden

Süßspeisen mit Eis und tiefgekühltem Obst

Das fachgerechte Einfrieren von Obst wurde zu Beginn des Buches bereits erwähnt. Das Obst kann sehr gut als Kompott oder als Kuchenbelag verwendet werden. Wenn es später als Kuchenbelag Verwendung finden soll, verpackt man es einzeln und ohne Zucker zunächst auf einem Tablett. Einzeln gefroren wird es dann in Beutel gefüllt und portionsgerecht gelagert. Man kann es noch gefroren auf den Tortenboden geben, dabei muß man den Tortenboden mit Semmelmehl oder geriebenem Zwieback bestreuen, damit die Auftauflüssigkeit aufgesaugt werden kann.

Wenn das Obst als Kompott serviert werden soll, sollte man es zweckmäßigerweise auch gleich als solches einfrieren.

Süßspeisen sind nur bedingt zum Einfrieren geeignet, da sie meistens mit Gelatine oder Stärkemehl gedickt sind und diese beiden Bindemittel zum Gefrieren ungeeignet sind. Aus tiefgekühltem Obst können aber in Verbindung mit Eis sehr verführerische Süßspeisen in kurzer Zeit bei geringem Arbeitsaufwand erstellt werden. Man sollte immer Obst und Eis im Gefriergerät für besondere Überraschungen bereithalten.

Zuckerraffinade mit Früchten

Hierfür eignen sich viele Obstsorten, besonders Früchte mit einem hohen Saftanteil wie z. B. Stachelbeeren, Himbeeren, Johannisbeeren, Brombeeren und Erdbeeren. Geeignet sind auch Früchte, die in Streifen oder Viertel geschnitten sind, wie z. B. Aprikosen und Pflaumen. Die Früchte sollen in gutem Zustand sein und vor dem Einfrieren in kleinen Mengen gut gewaschen und auf einem Saugpapier abgetrocknet werden. Steinfrüchte sollen halbiert und die Steine entfernt werden.

Eingefroren werden diese Früchte am besten in Plastikdosen. Man gibt zu unterst eine Lage Früchte, dann streut man Zucker darauf und gibt wieder eine Lage Früchte darüber und so weiter, bis die Plastikdose gefüllt ist. Bitte nicht vergessen, den Deckel obenauf zu decken und die überflüssige Luft herauszudrücken.

Zuckerlösung mit Früchten

Diese Methode eignet sich eigentlich für alle Fruchtsorten. Bekannt ist diese Art der Konservierung schon durch das Einkochen von Obst in Einmachgläsern. Auch hier werden Plastikbehälter zum Einfrieren verwendet. Man muß das Obst wiederum gut reinigen, waschen und entsprechend vorbereiten, d. h. gegebenenfalls schälen, entkernen und in Streifen schneiden und evtl. kurz blanchieren. Die Früchte werden mit der aufgekochten, meist 35–45%igen Zuckerlösung übergossen. Gut auskühlen lassen! Vor dem Einfrieren vergessen Sie nicht, Ihre Behälter klar mit Datum und Inhalt zu kennzeichnen. Bei tiefgefrorenen Zitrusfrüchten achten Sie darauf, daß diese keine Lagerzeit über 3 Monate vertragen können.

Obst – rollend eingefroren

Diese Methode ist geeignet für Früchte, die sehr saftreich sind, die Beschädigungen überhaupt nicht vertragen können und als delikate Früchte bekannt sind, z. B. Erdbeeren, Himbeeren, Heidelbeeren und Brombeeren. Nach dem Putzen, Waschen und Trocknen auf einem Haushaltssaugtuch werden diese Früchte einzeln auf ein Backblech gelegt und in das Tiefkühlgerät zur Gefrierung gegeben. Das Einfrieren wird ca. 1–2 Stunden dauern. Danach müssen Sie die tiefgefrorenen Früchte

schnell in Plastikbeutel packen und wieder in das Tiefkühlgerät legen. Beim Einpacken der Früchte ist es
empfehlenswert, zwischen jede Schicht eine Plastikfo-
lie zu legen. Dadurch wird auch weiterhin ein Zusam-
menfrieren verhindert. Vergessen Sie auch hier nicht,
Ihre Ware mit Datum und Inhalt zu bezeichnen.

Früchtepüree

Mit Früchtepüree kann man natürlich gleich einen fix
und fertigen Nachtisch zubereiten. Sie können Früchte
von der gleichen Sorte verwenden oder verschiedene
Sorten mischen. In jedem Fall muß das Obst von bester
Qualität sein. Die Früchte waschen, entkernen und ge-
gebenenfalls schneiden; danach werden sie in einen
Kochtopf mit ein wenig Wasser und Zucker gegeben
und zu einem Brei gekocht. Nötigenfalls sollte man den
Brei durch ein Sieb geben, bevor man ihn ausgekühlt in
Plastikbehälter zum Einfrieren einfüllt. Je nach Geschmack können Sie das Früchtepüree gezuckert oder
ungezuckert einfrieren. In jedem Fall sollte jedoch das
Früchtepüree abgekühlt in das Tiefkühlgerät kommen.
Vergessen Sie auch hier bitte Datum und Inhalt nicht.
Diese Früchtepürees eignen sich vorzüglich dazu, auch
portionsweise eingefroren zu werden. Sie bieten eine
gute Grundlage für Eiskrem.

Schoko-Orangen-Eis mit Toffeesoße

*200 g Rahmtoffees, ⅛ l Wasser, 2 EL Rum, 30 g grob
gehackte Walnüsse, 1 Haushaltspackung Eiscreme
»Schoko-Orange«*

Rahmtoffees und Wasser unter Rühren zum Kochen
bringen und leicht sämig werden lassen. Das dauert ca.
3 Minuten. Dann gibt man den Rum und die gehackten
Nüsse dazu. Eiscreme in 4–6 Scheiben schneiden, auf
einer Platte anrichten und mit der abgekühlten Soße
übergießen.

Eiscreme »Alt-Heidelberg«

*1 Packung Eiscreme »Heidelbeer«, 1 Paket tiefgekühlte
Heidelbeeren, 40 g Zucker, 2 EL Zitronensaft, abgeriebene Schale ½ Zitrone, 6 EL schwarzer Beerenlikör*

Eiscreme aus der Packung nehmen und auf Portionstel-
ler verteilen. Den Zucker hellbraun karamelisieren, Zitronensaft und Heidelbeeren sowie die abgeriebene
Schale der Zitrone dazugeben und alles so lange unter
Rühren erhitzen, bis die Heidelbeeren aufgetaut sind
und die Masse kocht. Dann vom Feuer nehmen, den
Likör zufügen und die Soße zur Eiscreme reichen.

Schlemmerbecher

*1 Paket tiefgekühlte Himbeeren, 8 Baisers, 8 EL Him-
beergeist, ⅛ l geschlagene Sahne, 1 KL Pulverkaffee,
½ KL Kakao, 1 KL Zucker*

Die Himbeeren nach Anweisung auftauen lassen und
die Hälfte davon auf 4 Gläser verteilen. Je 1 Baiser
darauflegen, mit je 1 EL Himbeergeist beträufeln und
die übrigen Himbeeren darübergeben. Die Schlagsahne
mit Pulverkaffee, Kakao und Zucker abschmecken und
auf die Himbeeren häufen. Die restlichen Baisers ebenfalls mit Himbeergeist beträufeln und darauflegen.

Rum-Krokant-Eiscreme

*1 gr. Banane, Saft ½ Zitrone, 3 EL Rum, einige Pistazien,
Borkenschokolade, 1 Packung Rum-Krokant-Eis-
creme*

Banane in Scheiben schneiden, mit Zitronensaft und
Rum beträufeln. Pistazien in dünne Scheiben schnei-
den. Das Eis in 4 Portionen auf Tellern anrichten. Die
Bananenscheiben darauflegen und mit Pistazien und
Borkenschokolade bestreuen.

55

Himbeersalat

1 Paket tiefgekühlte Himbeeren, 1 kl. Banane, 1 EL Zitronensaft, 2 EL Himbeergeist, evtl. 2 KL Schlagsahne

Die Himbeeren nach Anweisung auftauen lassen. Die Banane in Scheiben schneiden, mit Zitronensaft und Himbeergeist beträufeln und vorsichtig mit den Himbeeren vermengen. Gut durchkühlen lassen, in Portionsschälchen anrichten und nach Belieben mit Sahnetupfern garnieren.

Erdbeercharlotte

185 g Löffelbiskuits, Rum oder Kirschwasser, 1/2 l Milch, 1 Stange Vanille, 3 Eidotter, 150 g Zucker, 1 KL Stärkemehl, 6 Blatt Gelatine, 500 g Speisequark, 1/4 l Sahne, 600 g tiefgekühlte Erdbeeren, gewiegte Pistazien, Sahne zum Garnieren

Eine runde Platte mit Tortenpapier belegen und den Ring einer 20–22 cm großen Springform daraufsetzen. Löffelbiskuits halbieren und mit den runden Enden nach oben im Inneren der Form rings um die Ringwand stellen. Mit den restlichen zerbröckelten Biskuits den Boden bedecken und alles mit Rum oder Kirschwasser tränken. Milch mit Vanille aufkochen und zugedeckt erkalten lassen. Eidotter mit Zucker und Stärkemehl schaumig rühren, die erkaltete Vanillemilch nach und nach dazugeben und die Masse unter Rühren bei geringer Wärmezufuhr dicklich kochen. Gelatine 10 Minuten in kaltes Wasser legen, gut ausdrücken und in die heiße Creme einrühren. Speisequark dazugeben und die steif geschlagene Sahne vorsichtig unterziehen. Wenn die Creme zu stocken beginnt, abwechselnd mit aufgetauten halbierten Erdbeeren (einige zum Garnieren zurücklassen) in den mit Biskuits ausgelegten Tortenring füllen und kalt stellen.
Sobald die Masse erstarrt ist, den Ring vorsichtig lösen. Die Charlotte mit Sahne, Erdbeeren und gewiegten Pistazien garnieren.

Himbeergondeln

1 Paket tiefgekühlte Himbeeren, 1 Honigmelone, Zucker, Himbeergeist

Die Melone waschen, in 8–12 Teile schneiden, entkernen und alles Weiche mit einem Löffel herauskratzen. Die Innenflächen der Melonenstücke mit Himbeergeist beträufeln und kühl stellen. Himbeeren auftauen und in die Höhlung der Melonenstücke füllen. Sehr kühl servieren.

Gefrieren von Obst

Obstart	zu verwendende Sorte und Lagerdauer	Empfehlenswerte Vorbehandlung	Mit Streuzuckerlösung einfrieren
Äpfel	feste Sorten, die wenig bräunen, wie Ontario, Cox-Orange, Gravensteiner; bis zu 10 Monate Lagerung	schälen, entkernen, achteln, bis zur Verarbeitung in Salzlösung (5 g Salz auf 1 l Wasser). 2 Minuten blanchieren mit 1 g Zitronensäure auf 5 l.	35%ige Lösung für Kompott. Für Kuchenbelag ohne Zucker; auftauen und abtropfen lassen
Apfelmus	säuerliche, hellfleischige Apfelsorten wie Schöner Boskop, Gewürzluiken; bis zu 10 Monate Lagerung	gesunde, keinesfalls beschädigte Früchte verwenden. Waschen, zerteilen, kochen, im Mixer zerkleinern, ggf. passieren, nach Geschmack süßen und abkühlen lassen; dann sofort tief abkühlen.	auf 1 kg Apfelmus kann man 100 g Zucker geben
Aprikosen	Sorten mit festem Fleisch, die wenig bräunen, wie Wintschgauer oder Moorpark; bis zu 9 Monate Lagerung	Früchte in kochendes Wasser geben, Haut abziehen, halbieren und entkernen. Früchte blanchieren. Mit oder ohne Haut einfrieren, je nach späterer Verwendung.	In 40%- bis 45%iger Zuckerlösung mit Zitronensäurezusatz für Vitamin C
Birnen	feste, saftige, keine mehligen Sorten, wie Williams Christ; bis zu 9 Monate Lagerung	Birnenschnitzel wie Äpfel behandeln	siehe Äpfel

Obstart	zu verwendende Sorte und Lagerdauer	Empfehlenswerte Vorbehandlung	Mit Streuzuckerlösung einfrieren
Brombeeren	gesunde Früchte, nicht zu ausgesaftet, Theodor Reimers und Wilsons Früchte sind geeignete Sorten; bis zu 11 Monate Lagerung	verlesen, abbrausen, abtrocknen lassen. Beeren für Kuchenbelag ohne Zucker vorgefrieren	auf 0,5 kg rechnet man 50–100 g Zucker, je nach Geschmack
Erdbeeren	Frische, vollreife, mittelgroße Beeren ohne Druckstellen; Sorte Mieze Schindler, Senga-Sengana; bis zu 8 Monate Lagerung	Waschen, verlesen, entkelchen, auf ein trockenes Tuch geben und abtrocknen lassen; ggf. halbieren oder vierteln. Es empfiehlt sich, die Erdbeeren lose vorzufrieren, falls sie für Kuchen- oder Tortenbelag verwendet werden.	Mit Streu- oder Puderzucker einfrieren. 50–100 g Zucker je 0,5 kg Beeren
Heidelbeeren (Blaubeeren)	keine überreifen und gedrückten Früchte; bis zu 9 Monate Lagerung	verlesen; sonst gleiche Vorbehandlung wie bei Erdbeeren.	siehe Erdbeeren
Himbeeren	Sorten Winklers Sämling, Schönemann. Rubin wird im allgemeinen als weniger geeignet bezeichnet; bis zu 9 Monate Lagerung	vorsichtig abbrausen; sonst gleiche Vorbehandlung wie bei Erdbeeren.	siehe Erdbeeren
Johannisbeeren (rote und schwarze)	Sorten mit zarter Haut wie Rote Holländer; bis zu 10 Monate Lagerung	Beeren waschen, ablesen vom Stiel, nur unbeschädigte von guter Farbe verwenden, abtrocknen lassen auf einem Tuch und je nach späterer Verwendung lose vorfrieren und dann gut verpackt einfrieren.	In einer 40%igen Zuckerlösung einfrieren, oder auf je 0,5 kg 100 g Zucker
Kirschen süß und sauer	festfleischige Sorten wie Lange Lotkirsche; bis zu 9 Monate Lagerung	Früchte waschen, entstielen, Sauerkirschen ggf. entsteinen, Süßkirschen mit Stein einfrieren; abtrocknen auf einem Tuch.	Sauerkirschen in 45%iger, Süßkirschen in 35%iger Zuckerlösung

Obstart	zu verwendende Sorte und Lagerdauer	Empfehlenswerte Vorbehandlung	Mit Streuzuckerlösung einfrieren
Mirabellen	kaum bräunende Sorte wie Nancy; bis zu 10 Monate Lagerung	gut gereifte, nicht geschüttelte Früchte, ohne Druckstellen, waschen, entstielen, nicht entsteinen. Wenn blanchieren, dann etwas Zitronensäure hinzugeben.	35%ige Zuckerlösung
Pfirsiche	festfleischige Sorte, die wenig zum Bräunen neigt, wie Elberta oder J. H. Hale; bis zu 9 Monate Lagerung	Früchte ohne Druckstellen, überbrühen, entkernen, halbieren oder vierteln, auf einem Tuch trocknen und einfrieren	40%ige Zuckerlösung. Bei Kuchenbelag ungezuckert einfrieren
Pflaumen, Zwetschgen	festfleischige Früchte mit zarter Schale; bis zu 10 Monate Lagerung	für Kompott ganze, gewaschene Früchte; entsteinte Früchte blättrig geschnitten für Kuchen- oder Tortenbelag einfrieren	für Kompott ohne Zucker einfrieren; für Kuchen- oder Tortenbelag 10% Zucker einfrieren. Gefroren als Belag verwenden
Preiselbeeren	waschen, verlesen und gut abtropfen lassen; bis zu 9 Monate Lagerung	roh und ungesüßt einfrieren	tiefgefrorene Preiselbeeren in kochende Zuckerlösung geben und aufkochen
Rhabarber	grünen und roten ohne schlechte Stellen, zarte nicht zu faserige Stangen; bis zu 9 Monate Lagerung	waschen, wie gewohnt zerteilen; als fertiges Kompott einfrieren oder roh und ungesüßt	tiefgefroren wie frischen Rhabarber verwenden für Kuchenbelag oder als Kompott
Stachelbeeren	grüne Sorten wie Lovetts Triumph; bis zu 10 Monate Lagerung	unreife Früchte 2–3 Minuten blanchieren; verlesen, waschen, abtrocknen auf einem Tuch, Stiele abknipsen; ganze Früchte einfrieren	für Kuchen- oder Tortenbelag ohne Zucker; ansonsten auf 0,5 kg Beeren 70–90 g Zucker; oder 45%ige Zuckerlösung; für Belag gefrorene Beeren verwenden

Obstart	zu verwendende Sorte und Lagerdauer	Empfehlenswerte Vorbehandlung	Mit Streuzucker- lösung einfrieren
Obst- und Gemüse- säfte	stets von reifen, jedoch nicht über- reifen und beschädig- ten Früchten und Gemüsen bereiten; bis zu 11 Monate Lagerung	frisch pressen mit Entsafter oder Dampf- entsafter, unverdünnt und ohne Gewürze und Zucker einfrieren	aufgetaut für alle möglichen Verwendungs- arten

Welcher Zuckeranteil wird beim Herstellen von Zuckerlösungen benötigt?

Zuckerlösung in %	Benötigte Zuckermenge für 1 l Wasser in g	Endmenge der Zucker- lösung in kg
35	540	1540
40	670	1670
45	820	1820

Auftauen von Obst

Verwendung	Gefriergut	Empfehlenswerte Verwendung	Auftauzeit in Std. Zimmer- temp. Std.	im Kühl- schrank Std.	je kg Sonstiges
Zum Verzehren	ungezuckertes Obst	umfüllen in eine Schüssel; Block vorsichtig abbrechen	4–6	12–15	in warmer Zuckerlösung 1–3
	Obst mit Streuzucker	umfüllen in eine Schüssel; Block vorsichtig abbrechen	4–6	12–15	–
	Obst in Zuckerlösung	umfüllen in eine Schüssel oder im Gefrierbehälter belassen	4–6	12–16	–
Zum Kompott	ungezuckertes bzw. mit Streuzucker	umfüllen in eine Schüssel; Block vorsichtig abbrechen	4–6	12–16	in warmer Zuckerlösung 1–3
	Obst in Zuckerlösung	umfüllen in eine Schüssel ggf. in einen Kochtopf und erhitzen	4–6 bis 1	12–16	–
Zum Kuchen- oder Tortenbelag	ungezuckertes Obst	nicht an- oder auftauen lassen; auf den Kuchen legen und mitbacken oder auf die Torte legen und mit Guß überziehen	–	–	–
für Süßspeisen, Bowlen und Mixgetränke	ungezuckertes Obst bzw. mit Streuzucker	umfüllen in eine Schüssel	bis 1	ca. 10	–

Backwaren zum Einfrieren

Wenn Backwaren eingefroren werden, so ist dies für die Hausfrau besonders an Fest- und Feiertagen eine spürbare Arbeitsentlastung. Dabei ist das Einfrieren von fertigen Backwaren praktischer als das Einfrieren von vorbereitetem Teig. Es lohnt sich z. B., bei Tortenböden gleich eine größere Teigmenge zu fertigen und eine entsprechende Zahl von Tortenböden zu backen. Backpulverteig, Hefeteig und Honigkuchenteig sollten Sie sofort nach dem Backen aus der Backform stürzen und in Aluminiumfolie verpacken. Nicht vergessen, die überflüssige Luft herauszustreichen.

Wenn Ihre Tortenformen nicht ausreichen, können Sie aus fester Aluminiumfolie solche selbst herstellen. Pressen Sie die Aluminiumfolie in eine Tortenbodenform und stellen Sie den Rand so hoch wie möglich auf. Die Folie dann herausnehmen – auf diese Art können Sie eine beliebige Anzahl Tortenböden herstellen. Sie sollten nicht versäumen, den Rand etwas umzubördeln, damit Sie sich an der spitzen Aluminiumfolie nicht verletzen.

Ungebacken können Sie in Ihrem Heimgefrierer einige Portionen Blätterteig bereithalten. Bei schnellem Bedarf kann der Blätterteig bei Zimmertemperatur aufgetaut und – sobald er sich ausrollen läßt – ohne nochmaliges Durchkneten verarbeitet werden. Auch Brötchen eignen sich sehr gut zum Einfrieren. Sie sollten jedoch in jedem Fall in einem Plastikbeutel eingepackt eingefroren werden. Zum Auftauen gibt es heute separate Aufsätze für Toastgeräte. Desgleichen läßt sich Toastbrot, Kaviarbrot (Französisches Brot) und jede andere Brotart in geschnittener Form einfrieren. Wichtig ist auch hier die vorschriftsmäßige Verpackung.

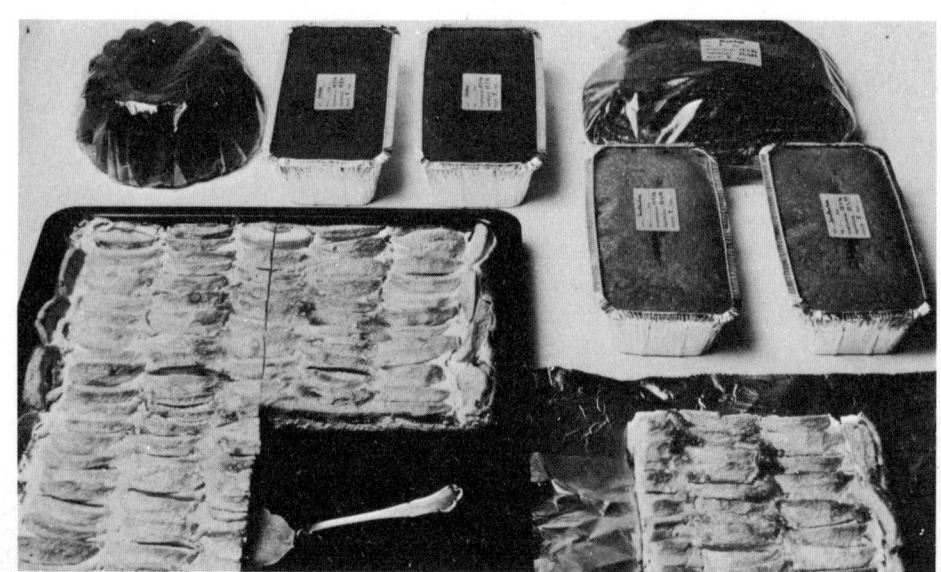

Eingefrorene Backwaren bedeuten an Fest- und Feiertagen eine große Arbeitserleichterung

59

Nußkuchen

Teig: 200 g Margarine, 200 g Zucker, 1 P. Vanillezucker, 4 Eier, 125 g Speisestärke, 175 g Mehl, 2 KL Backpulver; Belag: 4 Eiweiß, 200 g Zucker, 80 g gemahlene Nüsse

Margarine schaumig rühren, Zucker und Vanillezucker untermengen. Nacheinander Eier, Mehl, Speisestärke und Backpulver – gesiebt und gemischt – unterrühren. Teig auf ein gefettetes Backblech streichen. Für den Belag Eiweiß zu steifem Schnee schlagen, unter Rühren den Zucker langsam zufügen und die Nüsse unterheben. Diese Masse gleichmäßig auf den Teig verteilen. Den Kuchen im vorgeheizten Ofen auf der mittleren Schiene backen.

Backzeit: 40–50 Minuten.

Lagerzeit: 2–3 Monate.

Tip zum

Einfrieren: Nach dem Backen den Kuchen in Portionen teilen und offen einzeln im Gefriergerät einfrieren; so läßt er sich leichter verpacken, ohne beschädigt zu werden. Anschließend in Alufolie verpackt lagern.

Auftauen: Die Portionen bei Zimmertemperatur in ca. 60 Minuten auftauen lassen.

Haselnuß-Biskuitrolle

Teig: 4 Eiweiß, 4 EL kaltes Wasser, 150 g Zucker, 100 g Mehl, 2 gestr. KL Backpulver, 100 g gemahlene Haselnüsse; Füllung: 1/4 l Sahne, 1 P. Sahnesteif, 3–4 EL Rum

Eiweiß mit Wasser sehr steif schlagen, Zucker unterheben. Mehl mit Backpulver gemischt und die gemahlenen Haselnüsse unterziehen. Den Teig sofort gleichmäßig auf ein mit gefettetem Pergamentpapier ausgelegtes Backblech streichen. Im vorgeheizten Backofen bei 220 °C backen, bis der Teig gar, aber noch elastisch ist. Ein Küchentuch mit Streuzucker bestreuen, Kuchen darauf stürzen, Pergamentpapier mit kaltem Wasser bepinseln und vorsichtig abziehen. Kuchen zusammen mit dem Küchentuch aufrollen, darin erkalten lassen. Rolle dann vorsichtig auseinanderrollen und mit Rum beträufeln. Geschlagene Sahne aufstreichen, fest zusammenrollen und mit Puderzucker bestäuben.

Backzeit: 12–15 Minuten.

Lagerzeit: 2 Monate.

Tip zum

Einfrieren: Die Biskuitrolle zum Einfrieren nicht mit Puderzucker bestäuben, sondern in Portionsscheiben oder im ganzen in Alufolie rollen und im Gefriergerät lagern.

Auftauen: Bei Zimmertemperatur in ca. 30 Minuten; wenn sie angetaut ist, in Scheiben schneiden und auf einer Platte anrichten. Erst kurz vor dem Servieren mit Puderzucker bestreuen.

Streuselkuchen mit Sauerkirschen

Teig: 500 g Mehl, 30 g Hefe, 1 Ei, 80 g Zucker, knapp 1/4 l lauwarme Milch, Salz, 100 g Margarine; Streusel: 125 g Margarine, 200 g Mehl, 150 g Zucker, 25 g gehackte Mandeln, etwas Zimt, 2-kg-Dose Sauerkirschen

Aus den Teigzutaten einen Hefeteig zubereiten und ihn gehen lassen. Dann ausrollen und auf ein gefettetes, etwas bemehltes Blech geben. Für die Streusel Margarine schaumig rühren, Mehl, Zucker, Mandeln und Zimt hinzufügen und mit den Händen Streusel kneten. Die Streusel abwechselnd mit den gut abgetropften Sauerkirschen streifenartig auf den inzwischen gegangenen Hefeboden geben. Den Kuchen bei 220 °C backen.

Backzeit: ca. 30 Minuten.

Lagerzeit: 3–4 Monate.

Tip zum

Einfrieren: Den Kuchen noch warm aufteilen und in Alufolie einschlagen. Im Gefriergerät portionsgerecht lagern.

Auftauen: In 4–5 Stunden bei Zimmertemperatur oder in der Alufolie im Backofen bei 220 °C in ca. 20 Minuten auftauen.

Aus zermustem Obst lassen sich Süßspeisen und Konfitüren herstellen ▷

Habsburger Nußtorte

250 g Butter oder Margarine, 200 g Zucker, 1 P. Vanille-zucker, 4 Eier, 250 g Mehl, 1 KL Backpulver,
100 g geriebene Haselnüsse, ½ abgeriebene Zitronen-schale, 75 g kleingeschnittene Schokolade, 50 g Zitronat, Puderzucker

Das weiche Fett in eine hohe Schüssel geben. Zucker, Eier, Mehl mit Backpulver gemischt, geriebene Haselnüsse und abgeriebene Zitronenschale mit einem Handrührgerät ca. 2 Minuten lang auf höchster Schaltstufe unterrühren. Zuletzt Schokolade und feingeschnittenes Zitronat unterziehen. Den Teig in eine mit Pergamentpapier ausgelegte Kuchenform füllen und auf den Rost auf die untere Schiene bei 200 °C in den Backofen setzen. Nach der Garprobe den Kuchen herausnehmen, etwas abkühlen lassen, auf einen Rost stürzen und mit Puderzucker bestreuen.

Backzeit:	ca. 60 Minuten.
Lagerzeit:	3 Monate.
Tip zum Einfrieren:	Nach dem Abkühlen in Portionsscheiben schneiden, in Alufolie verpacken und einfrieren.
Auftauen:	Wenn der Kuchen in Portionsscheiben geschnitten ist, ist die Auftauzeit wesentlich kürzer, nämlich ca. 30 Minuten. Im Ganzen eingefroren muß man mit einer Auftauzeit von ca. 2 Stunden rechnen. Wenn der Kuchen angetaut ist, sollte man ihn bereits in Scheiben schneiden, mit Puderzucker dick bestäuben und auf der Kuchenplatte anrichten.

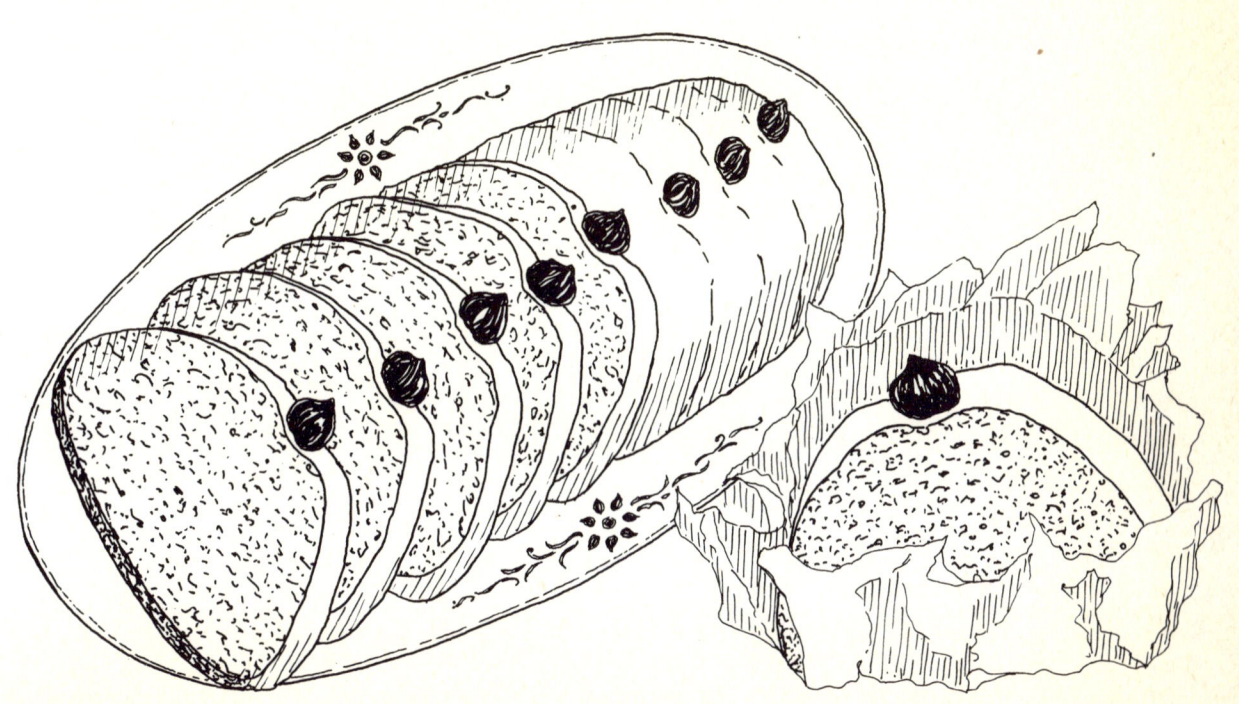

Gefrieren von Backwaren

Artikel	zu verwenden	Einfrierhinweis	Auftauen und Zubereitung
Brot/ Brötchen	ja bis zu 6 Mon. Lagerung	in Scheiben geschnitten, ggf. Klarsichtfolie zwischen die einzelnen Scheiben legen	Im Backofen bei 200° C ca. 4–5 Minuten werden Brötchen aufgetaut. Brotscheiben können an der Luft oder im Toaster aufgetaut werden. Bei Backofenauftauung 1 Tasse Wasser auf den Boden stellen
Hefeteig	bedingt bis zu 1 Mon. Lagerung	ungegangen einfrieren und etwas mehr Zucker nehmen	erst Auftauen und danach gehenlassen; dann verarbeiten
Knetteig	ja bis zu 2 Mon. Lagerung	gut verpacken	sobald sich der Teig verarbeiten läßt
Plätzchen, Kekse	ja bis zu 5 Mon. Lagerung	möglichst noch lauwarm gut verpackt einfrieren	Auftauzeit bei Zimmertemperatur ca. 30 Minuten
Kuchen: Torten	ja bis zu 3 Mon. Lagerung, wenn ohne Butterkrem	möglichst als einzelne Stücke verpackt einfrieren	
Obstkuchen gedeckt	ja bis zu 3 Mon. Lagerung	hell ausbacken, möglichst noch lauwarm verpacken und sofort einlagern	im Backofen bei ca. 170° C ca. 25 Minuten auftauen. Ggf. nach dem Auftauen noch glasieren
Quarkkuchen, Quarktorte	bedingt bis zu 2 Mon. Lagerung	in Aluminiumform bereits gebacken und in Stücke zerteilt einfrieren	bei Zimmertemperatur auftauen lassen; oder bei 150° C ca. 30 Minuten im Backofen

Artikel	zu verwenden	Einfrierhinweis	Auftauen und Zubereitung
Biskuitkuchen, Biskuitrolle	ja bis zu 5 Mon. Lagerung	gebacken als Rolle oder Boden, gefüllt gut verpackt, schnell einfrieren	noch im gefrorenen Zustand portionieren. Etwa 2–3 Std. bei Zimmertemperatur auftauen lassen
Blätterteig	ja bis zu 3 Mon. Lagerung	roh als Teig einfrieren, ca. 1,5 cm bis 2 cm hoch verpacken. Oder bereits als fertiges Gebäck	bei Zimmertemperatur antauen lassen und noch im kühlen Zustand verarbeiten. Gebäck ggf. nach dem Auftauen mit Puderzucker glasieren
Pastetchen	ja bis zu 3 Mon. Lagerung	gut verpackt einfrieren	im Backofen bei ca. 200° C ca. 7 Minuten auftauen; eine Tasse Wasser auf den Backofenboden setzen
Pizza	ja bis zu 3 Mon. Lagerung	fertig vorgebacken, ggf. bereits in einer Aluminiumform. Jedoch ohne geriebenen Käse obenauf	im Backofen 20–25 Minuten bei ca. 210° C ca. 10 Minuten; vor Backende geriebenen Käse darüberstreuen
Stollen	ja bis zu 2 Mon. Lagerung	wenn nicht bereits in einer Aluminiumform gebacken, dann am besten in Aluminiumfolie einpacken und einfrieren	im Backofen auf einem Blech auftauen lassen bei 160° C ca. 55 Minuten

Tips am Rande

Makkaroni und Spaghetti neigen dazu, beim Garen aneinander zu kleben. Geben Sie dem Wasser einige Tropfen Öl zu, und die Nudeln werden nicht zusammenkleben. Außerdem schäumt das Wasser nicht so leicht über.

Mögen Sie nicht gerne Knoblauch oder fürchten Sie die – für andere riechbaren – Folgen, verwenden Sie ihn nur spärlich oder reiben Sie den Topf lediglich mit einer Knoblauchzehe aus.

Tomaten lassen sich leichter abziehen, wenn man sie mit der Gabel einen Augenblick in kochendes Wasser hält.

Was rechnet man pro Gast? Suppe 1/8 Liter, Soße 1/10 Liter, Fleisch ohne Knochen 125 g, Fischfilet 200 g, Gemüse 200 bis 250 g.

Zu spanischen Gerichten kann man SANGRIA servieren:
4 Eßlöffel Cognac werden mit drei Eßlöffeln Zucker und zwei zerteilten Apfelsinen kaltgestellt und vor dem Servieren mit einer Flasche spanischem Rotwein aufgefüllt. Auf den Glasrand eine eingeschnittene Zitronenscheibe setzen.

Eiswürfel halten sich länger, wenn man den Behälter mit Aluminiumfolie ausschlägt und den überstehenden Rand zusammenfaltet.

Preise für Tiefkühlkost sind berechtigt, wenn man bedenkt, daß 1250 g Erbsenschoten nur 450 g Erbsen ergeben, daß man für 500 g Spinat 1 kg Rohware benötigt und für 1 kg Fischfilet etwa die dreifache Menge ganzer Fische haben müßte.

Gefriergeräte dürfen nur noch funkentstört hergestellt werden. Sie müssen also neben dem Leistungsschild das Funkschutzabzeichen haben.

Zu viele verschiedene Kräuter gemischt lassen den Eigengeschmack der Speise oder das charakteristische Gewürzaroma nicht genügend zur Geltung kommen. Ausgenommen sind Frühlingssuppen, Kräutersoßen und Kräutermarinaden.

Gehackte Kräuter lassen sich mit wenig Wasser im Gefrierfach des Kühlschrankes oder Gefriergerätes portionsweise einfrieren.

Fertiggerichte, die man selbst einfriert, sollte man erst nach dem Auftauen würzen, da es sonst leicht zu Geschmacksveränderungen kommt. Fleischsaft und Soßen erst beim Auftauen mit Mehl binden.

Eier werden getrennt mit etwas Zucker oder Salz verrührt eingefroren. Die Eimasse läßt sich für Rührei, Eierkuchen und Kuchenteig gleich gut verwenden.

Unterkühlen Sie Bowle nicht durch zu viele Eisstücke. Füllen Sie lieber mit kaltem Wein oder Sekt auf, wenn die Bowle zu warm geworden ist.

Tiefgefrorene Erdbeeren lassen sich leicht auftauen und schmecken besonders gut, wenn man sie auf die Grillpfanne legt und drei Minuten unter den vorgeheizten Grill schiebt.

Die Eiswürfelschale friert nicht mehr im Kühlschrank fest, wenn man sie unten mit einem Kerzenrest einreibt.

Originelle Verzierungen können Eiswürfel »mit Inhalt« sein. Man läßt ein wenig Wasser in die Gefrierschale gefrieren, legt dann eine Kirsche oder eine Olive hinein, läßt diese auf der bereits vorhandenen Eisschicht festfrieren und gießt danach bis zum Rand der Schale Wasser hinzu.

Wenn Sie ein Baby haben, frieren Sie kleine Mengen Säuglings- und Kleinkindernahrung ein. Die Nahrung für mehrere Mahlzeiten wird in einem Arbeitsgang zubereitet und portionsweise eingefroren. Joghurtbecher eignen sich gut als Gefäße.

Trockene Kuchen von Rühr- oder Hefeteig müssen nach dem Auftauen noch 2 Stunden stehen, da sie sonst nach dem Anschneiden leicht bröckeln.

Im täglichen Speisezettel sollten zu finden sein: $\frac{1}{2}$ l Milch, 100 bis 150 g Fisch oder Fleisch, 50 g Quark, 30 g Käse oder ein Ei, 250 g Gemüse, 250 g Obst oder Fruchtsaft, 30 bis 40 g Koch- und Streichfett.

Weißwein nicht unterkühlt reichen. Edle Sorten nicht unter 10° C, Mosel- und Rheinweine etwa 8 bis 10° C, Rotweine bei Zimmertemperatur. Sekt auf 6 bis 7° C abkühlen.

Fleischbrühe kann man mit Gemüse aus der Tiefkühltruhe oder mit einem Rest vom Vortag anreichern. Gut eignen sich auch gehackte Kräuter, ein fein zerschnittener Pfannkuchen und Fleischklößchen – schnell aus frischer Bratwurst!

Fische, die nach dem Garen ein blaues Aussehen haben sollen, wie Forellen, Karpfen und Schleie, werden vor dem Dünsten mit heißem Essigwasser übergossen.

Kartoffeln nie lange im Wasser stehen lassen, damit Mineralsalze und Vitamine erhalten bleiben. Statt dessen legen Sie ein feuchtes Tuch auf die Kartoffeln, um das Braunwerden zu verhindern.

Schmelzkäse für Suppen und Soßen lassen sich am besten mit dem Handrührgerät oder dem Schneebesen verrühren.

Auch Suppeneinlagen lassen sich eingefrieren: Hackfleischklößchen und Käseklößchen eignen sich besonders. Sie werden portionsweise verpackt und unaufgetaut in die kochende Brühe gegeben.

Dill kann frisch, aber ohne die dicken Stiele, eingefroren werden. Bei Gebrauch wird der gefrorene Dill über dem Gericht zwischen den Fingern zerrieben.

Wein, Zitronensaft, Meerrettich und Sahne sowie gehackte Kräuter sollte man nicht mitkochen.

Frischfleisch sollte zu Hause sofort nach dem Kauf aus der Verkaufsschale genommen werden und zugedeckt auf einem Teller am besten im Kühlschrank bei gleichbleibender Kühltemperatur lagern, aber nicht länger als ein Tag.

Das Gefriergerät faßt mehr Ware, wenn man die Lebensmittel in eckigen Behältern stapelt. Auch lose Artikel wie Früchte kann man in eine eckige Form bringen, wenn man sie in einem Beutel in einen Karton stellt und diesen nach dem Gefrieren entfernt.

Einfach und schnell können Sie mit eingefrorenen Sahnetupfen Torten und Desserts garnieren. Sie haben geschlagene Sahne auf Aluminiumfolie gespritzt, eingefroren und lagenweise in einem Kunststoffbehälter in dem Gefriergerät verwahrt.

Tiefgefrorene Erbsen kann man nach dem Auftauen ungekocht zu Salaten und Gemüsesülzen verwenden, da diese vor dem Eingefrieren blanchiert wurden.

Für 1 Liter Fleischbrühe oder Gemüsebrühe braucht man zum Binden oder als Einlage 40 bis 50 g Grieß, 30 g Stärkemehl, 30 bis 50 g Nudeln, 40 bis 50 g Reis, 40 g Sago oder 60 g Haferflocken.

Einkochen - Einlegen

Einmachen ist eine alte Kunst. Nachdem der Pariser Koch François Appert um 1809 durch die Technik des Erhitzens unter Ausschluß der Luft die Grundlage für die keimfreie Konservierung geschaffen hatte, wurde es Landhaushalten wie städtischen Herrschaftsköchinnen möglich, eine planmäßige Vorratswirtschaft zu betreiben. Bereits 1844 erschienen in Henriette Davidis' »Practischem Kochbuch für die gewöhnliche und feine Küche« über hundert Seiten zum Thema Einmachen. Sie empfahl, zur Erhaltung des Einmachgutes die Gläser sofort mit einem reinen Tuch zu bedecken, »damit nicht Fliegen und Mücken hineinfallen und Gährung bewirken«.

Die Aufforderung zu peinlicher Sauberkeit und Sorgfalt hat sich bis heute nicht verändert. Verändert hat sich wohl auch nicht der Wunsch, bei aller Modernität im Haushalt durchaus etwas in eigener Regie zu gestalten. Einmachen ist wieder in Mode gekommen, als willkommener Freizeitspaß, bei dem man zusätzlich auch noch sparen kann.

Das Selber-Einmachen bietet die Möglichkeit, nicht nur allein sondern auch gemeinsam zu erleben, auf welch vielfältige Weise man die Produkte der Natur – Obst, Gemüse und anderes mehr – seinen Bedürfnissen entsprechend verarbeiten und auf den persönlichen Geschmack abstimmen kann.

Die neue Lust zum Einmachen mag auch als Gegengewicht zum Streß des modernen Lebens entstanden sein, denn die chromblitzenden Geräte und arbeitssparenden Methoden verführen auch dazu, sich mehr an Einzelarbeiten vorzunehmen, als man selbst mit diesen Hilfsmitteln bewältigen kann. Zwar werden die rationalisierten Arbeitsgänge immer kürzer, doch sie häufen sich, und so rotiert der Kreislauf verschiedenster Tätigkeiten, ohne zufrieden zu stimmen. Dann erinnert man sich manchmal wehmutsvoll der Zeiten und Düfte, als die Einmachgläser mit den verschiedenen Inhalten die Vorratskeller unserer Großmütter schmückten, wobei die darin verborgenen Leckerbissen keineswegs zum alltäglichen Verbrauch bestimmt waren.

Wo immer die Gründe für das Einmachen liegen, in der Nostalgie, dem Bestreben nach gesunder Nahrung, der Freude an Selbstgemachtem oder an Sparsamkeit – die nachfolgenden Seiten bringen viele Anregungen.

Die Grundausstattung

Zum Einkochen benötigt man Einkochgläser mit Deckel und Gummiringen, einen Einkochtopf, ein Thermometer und einige Universalbügel.

Gläser

Man unterscheidet Einkochgläser mit Deckel und kleinere Gläser für Marmelade und Gelee. Es werden auch Dosen und Gläser mit Twist-Off-Verschlüssen, ferner zum Einlegen Töpfe aus Steingut verwendet.
Einkochgläser mit Universaldeckel gibt es als Rillen- oder Massivrandgläser (Schleifrandgläser). Diese Gläserarten unterscheiden sich durch ihren Verschluß. Es gibt Gläser mit einem Fassungsvermögen von 1 und 1½ l sowie Sturzgläser mit ¼ und ½ l Inhalt.
Bei Rillengläsern sind die Glasränder nicht geschliffen. Die Nut des Deckels greift in die Rille des Glasrandes. Der Gummiring wird beim Verschließen des Glases in die Rille hineingedrückt.
Massivrandgläser haben geschliffene Auflagenränder. Der Deckel greift über den Stehrand des Glases. Der Gummiring liegt auf dem geschliffenen Rand glatt auf.

Einkochringe

Zum luftdichten Verschließen der Einkochgläser mit Deckeln werden die dazu passenden Einkochringe verwendet. Gute Einkochringe sind aus hochwertigen Rohstoffen hergestellt, garantieren einen sicheren Verschluß und haben eine besonders breite Anfaßzunge, die ein leichtes Öffnen der Einkochgläser ermöglicht. Einkochringe sollten niemals hängend aufbewahrt werden, da sie sich sonst verziehen. Am besten ist es, sie in einem trockenen Raum glatt aufeinanderzulegen, so daß eine Luftzufuhr möglich ist. Sie werden dann auch nicht brüchig.

Universalbügel

Universalbügel passen für alle Gläserarten und -größen. Außerdem ermöglichen sie ein Übereinanderstellen der Gläser im Einkochtopf.

Einkochtöpfe

Einkochtöpfe sind in der Regel emailliert, mit einer Drahteinlage und einem Einkochthermometer ausgestattet. Zu empfehlen ist der Automatic-Elektro-Einkochtopf Marke Weck mit Thermostat, stufenlos regelbar bis 100 °C, außen stahlblau, innen schwarz emailliert. Er ist säure- und laugenfest und hat Isoliergriffe an Topf und Deckel. Sein Durchmesser beträgt 36 cm bei einer Höhe von 50 cm und 26 Liter Fassungsvermögen. Sicherheitsgarantie ist durch VDE- und TÜV-Prüfung gegeben. Anschlußwert: 220 Volt; Leistung: 2000 Watt; Garantie: 1 Jahr.

Die Auswahl eines Einkochtopfes richtet sich nicht nur nach dem Verwendungszweck, sondern auch nach der Art des Herdes, auf dem eingekocht werden soll.
Emaillierte Einkochtöpfe mit normalem Boden werden nur für Gas- und Kohleherde verwendet. Für Elektroherde sind Einkochtöpfe mit verstärktem plangepreßtem Boden wirtschaftlich.
Emailtöpfe dürfen niemals mit scharfen Gegenständen gereinigt werden. Auch sollte man sie nie ohne genügend Flüssigkeit auf Heizstellen setzen, da das Email sonst innen und außen abplatzt. Ein Abschrecken heißer Emailtöpfe mit kaltem Wasser ist ebenfalls nicht zu empfehlen.

Einkochthermometer

Ein Einkochthermometer ist unerläßlich, da es beim Einkochen auf die genaue Einhaltung der Hitzegrade ankommt. Zusammen mit dem Einkochthermometer wird eine Weißblechhülse geliefert. Vor Gebrauch sollte man sich überzeugen, ob die rote Farbsäule, welche die Hitzegrade anzeigt, nicht an einer oder mehreren Stellen unterbrochen ist. In diesem Fall ist es unbrauchbar und muß durch ein neues ersetzt werden. Bis zum nächsten Gebrauch sollte das Thermometer hängend aufbewahrt werden; aber auch in der Deckelöffnung eines trockenen, verschlossenen Einmachtopfes bleibt es über Jahre hinaus gebrauchsfähig.

Entsafter

Zur Rohsaftgewinnung eignen sich die normalen Haushalts-Obstpressen. Die im Handel erhältlichen Dampfentsafter gibt es in verschiedenen Ausführungen. Neben Geräten mit elektrischen Heizspiralen gibt es noch Saftgewinner für Gas-, Elektro- und Kohleherde. Bei allen Geräten ist der Saft ohne nochmaliges Erhitzen direkt in die vorbereiteten Flaschen abzufüllen.
Die Saftgewinnung, die nachfolgend beschrieben wird, erfordert keine besonderen Anschaffungen, lediglich etwas mehr Zeit:
Benötigt werden ein größerer Kochtopf, ein Siebeinsatz aus Aluminium oder ein Safttuch, eine Auffangschale und ein Drahtrost. Bevor der Topf handbreit mit Wasser gefüllt wird, legt man auf den Boden den Drahtrost, stellt die Auffangschale darauf und hängt das Sieb oder das Tuch mit den Früchten ein. Kochtopf mit Deckel schließen und das Wasser zum Kochen bringen. Vor dem Einfüllen in Flaschen wird der abgelaufene Saft nochmals kurz erhitzt.

Süßmostkappen

Süßmostkappen dienen zum Verschließen der Saftflaschen, passen aber auch auf alle anderen Flaschen mit ³/₄ und 1 l Inhalt. Für kleinere Flaschen mit 0,3 und 0,5 l Inhalt ist auch eine kleinere Süßmostkappe im Handel erhältlich.

Erfolgsregeln für das Einkochen

1. Sauberkeit ist beim Einkochen grundlegende Voraussetzung.
2. Einkochgläser und Deckel müssen vor Gebrauch auf etwaige kleine Absplitterungen geprüft werden. Mit den Fingerspitzen fährt man langsam über die Ränder des Einkochglases und des Deckels. Sollte der Glas- oder Deckelrand schadhaft sein, ist das beschädigte Stück nicht zu verwenden, da der luftdichte Verschluß gefährdet ist.
3. Einkochgläser und Deckel, auch neue, werden mit Hilfe einer Gläserbürste in heißem Wasser unter Zusatz eines Spülmittels gewaschen und in klarem, heißem Wasser nachgespült.
4. Einkochringe kocht man wenige Minuten unter Zusatz eines Spülmittels aus und läßt sie bis zur Verwendung in frischem, abgekochtem Wasser liegen. *Einkochringe,* die schon öfter verwendet wurden, müssen sorgfältig geprüft werden. Etwaige Risse entdeckt man am besten, wenn man den Ring zwischen beide Daumen und Zeigefinger nimmt und Stück für Stück etwas auseinanderzieht. Nur mit einwandfreien Einkochringen ist ein sicherer Verschluß des Einkochglases gewährleistet.
5. Beim Einfüllen von heißem Einkochgut sind die Einkochgläser stets auf ein nasses Tuch zu stellen, um sie vor evtl. Springen zu schützen.
   Obwohl sich das Einkochgut während des Einkochvorgangs setzt, darf es nur bis 2 cm unter den Glasrand eingefüllt werden.
   Breiartiges Einkochgut (wie z. B. Apfelmus) nur bis 4 cm unter den Glasrand einfüllen.
   Nachquellendes Einkochgut: Wurstmasse nur bis zu $3/4$, Kuchenteig nur bis zu $1/2$ der Glashöhe einfüllen.

   Alle Flüssigkeiten (auch Aufgußflüssigkeiten) nur bis 2 cm unter den Glasrand einfüllen.
6. Nach dem Einfüllen den Glasrand, auf den der Einkochring aufgelegt wird, sauber abwischen.
7. Den Einkochring aus dem Wasser herausnehmen, abtropfen lassen und naß auf den Glasrand auflegen. Danach Deckel auflegen und darauf achten, daß der Einkochring sich nicht verschiebt.
8. Verschließen der gefüllten Einkochgläser mit Bügel. Der Universal-Bügel wird von der Seite her über den Deckel gezogen und muß genau auf der Mitte aufliegen. Es ist darauf zu achten, daß dabei der Einkochring nicht verschoben oder verklemmt wird. Sitzt der Bügel nicht richtig, besteht die Gefahr, daß der Einkochring selbst von der sich bei der Erhitzung ausdehnenden Innenluft des Glases hinausgepreßt wird und das Glas offen bleibt.
9. Einkochgläser dürfen niemals ohne Drahteinlage in den Einkochtopf gestellt werden. Es schadet aber nichts, wenn sich die Einkochgläser gegenseitig oder die Wand des Einkochtopfes berühren.
10. Nachdem die Gläser auf die Drahteinlage in den Einkochtopf eingestellt sind, wird soviel Wasser in den Topf gefüllt, daß die Einkochgläser bis zu $3/4$ ihrer Höhe davon umgeben sind. Wenn zwei Gläserschichten übereinander oder niedrige Gläser neben hohen eingekocht werden, richtet sich die Höhe des Wasserbades stets nach dem oberen bzw. dem höchsten Glas. Die unteren bzw. niedrigeren Gläser können unbedenklich ganz unter Wasser sein, da sie unter Bügeldruck stehen und deshalb kein Wasser von außen in sie eindringen kann.
11. Die Temperatur des Wasserbades muß bei Beginn des Einkochens stets der Temperatur des Gläserin-

Beeren geben einen sehr vitaminreichen Saft, der gut geliert ▷

halts entsprechen. Gläser mit kaltem Inhalt werden daher nur mit kaltem Wasser, Gläser mit heißem Inhalt (wenn das Einkochgut vorgekocht wurde) mit entsprechend heißem Wasser aufgesetzt. *Keinesfalls darf also bei Gläsern mit kaltem Inhalt heißes Wasser in den Einkochtopf gefüllt werden; dadurch bekommt das Wasser zu früh die erforderliche Einkochtemperatur, während der Gläserinhalt noch nicht genügend erhitzt ist.* Das Thermometer zeigt dann nur die Wassertemperatur an, nicht aber die Temperatur des Einkochgutes in den Gläsern. Das hat zur Folge, daß die vorgeschriebenen Einkochzeiten, die sich natürlich auf den Inhalt der Gläser beziehen, nicht mehr genau eingehalten werden können und Mißerfolge unausbleiblich sind, weil die Bakterien und Gärungskeime im Inneren des Glases nicht mit Sicherheit abgetötet worden sind. Also grundsätzlich beim Einstellen der Gläser in den Topf gleiche Temperatur von Wasser und Gläserinhalt und im übrigen: immer langsam erhitzen.

12. Das Einkochthermometer überprüft man vor dem Einkochen durch Eintauchen in kochendes (sprudelndes) Wasser, wobei das Thermometer etwa 100 °C anzeigen muß. Schadhafte Einkochthermometer sind für ein sicheres Einkochen ungeeignet. Das *Thermometer* wird in seiner Schutz-Hülse durch die Öffnung im Deckel des Einkochtopfes eingeschoben. Dabei ist darauf zu achten, daß die Hülse mit dem Thermometer genügend tief ins Wasser reicht, denn nur dann kann es die Wassertemperatur genau anzeigen.

13. Die Einkochzeit beginnt, sobald das Thermometer den im jeweiligen Rezept vorgeschriebenen Hitzegrad erreicht hat. Wenn beispielsweise eine Einkochzeit von 25 Minuten bei 90 °C vorgeschrieben ist, beginnt die Einkochzeit dann, wenn das Thermometer 90 °C anzeigt.

14. Nach Beendigung des Einkochens, wenn also die vorgeschriebene Einkochzeit abgelaufen ist, werden die Gläser sofort aus dem Einkochtopf herausgenommen. Keinesfalls sollen sie im Wasserbad erkalten, weil dadurch die Einkochzeit unnötig verlängert und das Einkochgut durch Nachkochen zu weich und unansehnlich wird. Aus dem gleichen Grund sollen die herausgenommenen Gläser nicht mit einem Tuch bedeckt werden. Man vermeide aber, sie der Zugluft auszusetzen oder auf eine kalte Unterlage zu stellen.

15. Die herausgenommenen Einkochgläser müssen bis zum völligen Erkalten unter Bügelverschluß bleiben. Nach dem Erkalten der Einkochgläser die Bügel abnehmen, denn nun sind sie für den Verschluß der Gläser nicht mehr nötig. Nur wenn der Bügel abgenommen ist, können Sie durch leichtes Anfassen des Deckels feststellen, ob das Glas wirklich geschlossen ist. Ein aufgesetzter Bügel würde übrigens auch das selbsttätige Aufgehen eines Einkochglases verhindern, wenn sein Inhalt schlecht ist, in Gärung übergeht und Fäulnisgase bildet. In diesem Fall ist das Aufgehen des Glases nämlich als Warnsignal für die Hausfrau dringend erwünscht. Regelmäßige Kontrolle der Einkochgläser auf sicheren Verschluß durch leichtes Anfassen des Deckels ist anfangs nach dem Einkochen täglich, später nur noch in größeren Zeitabständen nötig.

16. Einkochgläser werden geöffnet, indem man mit Daumen und Zeigefinger die vorstehende Anfaßzunge des Einkochringes seitlich herauszieht, bis die Außenluft mit dem bekannten Zischen in das Glas eindringt. Der Unterdruck im Glas wird dadurch aufgehoben, der Deckel läßt sich jetzt leicht abnehmen. Keinesfalls scharfe Gegenstände wie Messer, Schere und dergleichen zum Öffnen verwenden, da sonst Einkochring und Rand von Glas oder Deckel beschädigt werden. Sollte der Einkochring verklebt oder seine Anfaßzunge abgerissen sein, lassen sich solche Gläser leicht öffnen, indem man einen Bügel aufspannt (wichtig!) und sie umgekehrt einige Minuten in heißes Wasser stellt.

17. Der Vorratsraum für die gefüllten Einkochgläser sollte nach Möglichkeit kühl (jedoch frostfrei) in jedem Fall aber ohne direkte Sonneneinstrahlung sein.

Mißerfolge und ihre Ursachen

Sollte wider Erwarten doch einmal ein Einkochglas aufgehen, so kann dies folgende Ursachen haben:
1. Ungeeignete Düngung des Einkochgutes.
2. Ungünstige Wachstumsbedingungen (überschnelle Reifung durch Hitze oder regenreiche Witterung).
3. Zu lange Lagerung und als Folge davon Gärung des Einkochgutes vor dem Einkochen. Während der Lagerzeit können sich sporenbildende Bakterien in großer Zahl entwickeln, die teilweise die Erhitzung überdauern können. Es kommt dann zum Auskeimen der Sporen, die den Verderb des Einkochgutes bewirken.
4. Nicht genaues Einhalten der Einkochvorschriften, besonders der vorgeschriebenen Einkochzeiten und Hitzegrade.
5. Schadhafter Zustand der Ränder des Glases bzw. des Deckels oder auch des Gummiringes, so daß Luft eintreten kann.
6. Unsachgemäße Aufbewahrung der gefüllten Einkochgläser.
7. Beim Einkochen von Fleisch und Wurst kann es vorkommen, daß durch zu starkes Kochen oder infolge zu hohen Füllens des Einkochglases Fett mit dem Gummiring in Berührung kommt. Ein mit Fett verschmierter Gummiring verursacht einen sogenannten Scheinverschluß, weil Glas, Deckel und Gummiring nur zusammenkleben. Das gleiche kann beim Einkochen von Obst geschehen, wenn die Zuckerlösung zu hoch eingefüllt wurde. Die überlaufende Zuckerlösung verklebt den Gummiring, und es entsteht ebenfalls ein Scheinverschluß.
8. Beim Einkochen von süßsauren Früchten oder Essiggemüsen kann es vorkommen, daß infolge zu hohen Einfüllens oder zu starken Kochens des Glasinhaltes der Essigsud mit dem Gummiring in Berührung kommt. Auch in diesem Fall kann das Einkochglas nicht schließen, weil sich der Gummiring unter dem Einfluß des heißen Essigsuds stark wellt und weitet.

Das Aufgehen eines gefüllten Einkochglases nach dem Erkalten ist ein Warnsignal:
Entweder sind Glas, Deckel oder Ring nicht in Ordnung, oder der Inhalt ist nicht einwandfrei. Nötigenfalls muß dieser in ein neues Glas umgefüllt und nochmals eingekocht werden. Einkochzeit und Hitzegrade wie in dem betreffenden Rezept. Bleibt das Glas auch dann nicht zu, muß der Inhalt sofort verbraucht werden. *Bei Bohnen und Erbsen und auch bei Fleisch und Wurst ist größte Vorsicht geboten,* da der Verderb dieser Einkochgüter im Anfangsstadium für den menschlichen Geruch und Geschmack noch nicht unbedingt wahrnehmbar ist und daher die Gefahr von lebensgefährlichen Vergiftungen besteht. *Den Inhalt solcher Gläser keinesfalls verwenden!*

Einkochen in der Backröhre

In Haushalten, in denen nicht regelmäßig und nicht viel eingekocht wird, kann das in der Backröhre des Gas- oder Elektroherds geschehen. Die Gläser sollen von gleicher Größe und gleichem Inhalt sein, dürfen sich gegenseitig nicht berühren und auch nicht an die Wände des Backofens stoßen.
Die gefüllten und mit Bügeln verschlossenen Gläser werden entweder in eine 1 cm hoch mit warmem Wasser gefüllte Bratenpfanne gestellt oder mit einer Tasse Was-

ser auf einen Rost gesetzt. Bratenpfanne oder Rost auf den Boden der Backröhre schieben. Zur Schonung der Gummiringe kann ein feuchtes Tuch über die Gläser gelegt werden.

Bei Herden mit temperaturgeregeltem Backofen wird entweder eine dafür vorgesehene Stufe »ST« (Sterilisieren) oder eine Temperatur von 175 °C eingestellt. Die Tür und der eventuell vorhandene Wrasenschieber (Ventilationsklappe an der Tür) bleiben geschlossen. Die Sterilisierzeit (Einkochzeit) beginnt, wenn in den Gläsern kleine Luftbläschen aufsteigen. Wird das Einmachgut in den kalten Ofen geschoben, rechnet man bis zum Perlen 50–60 Minuten, bei Einschieben in die vorgeheizte Backröhre 40–45 Minuten, je nach Größe und Anzahl der Gläser.

Beim Einkochen von Obst bleiben die Gläser noch 20–30 Minuten im abgeschalteten Backofen, bei Gemüse nutzt man die Nachwärme noch etwa 90 Minuten aus. Im übrigen kann man sich nach den erprobten Einkochzeiten der verschiedenen Herdtypen richten.

Obst selbst eingemacht

Einkochen von Kompott

Für Kompott werden zum Füllen eines 1-l-Glases folgende Mengen der verschiedenen Obstsorten benötigt:

Aprikosen (mit Stein)	650 g
Aprikosen (entsteint)	850 g
Birnen	900 g
Kirschen	750 g
Mirabellen	800 g
Pfirsiche (mit Stein)	500 g
Pfirsiche (entsteint)	1000 g
Renekloden	850 g
Stachelbeeren	750 g
Zwetschgen (entsteint)	900 g

Die Früchte sollen frisch und reif, aber nicht überreif sein. Kurz und gründlich waschen, wobei zu beachten ist, daß unnötiges Wässern im Hinblick auf Vitamine, Mineral- und Geschmacksstoffe vermieden werden muß. Erst danach Stiele, Blüten, Steine oder Kerne und Schalen entfernen; es wird so ein unnötiger Saftverlust verhindert.
Beim Einkochen von ganzen Früchten mit Haut (Pflaumen, Pfirsiche, Aprikosen) kann man mit einem Holzstäbchen mehrere Male einstechen, um ein Platzen zu verhindern.
Die Zuckerzugabe richtet sich je nach Geschmack und Wünschen der Familie; die folgenden Angaben sollen nur eine Richtlinie sein:
Zuckerlösung
Für süßes Obst 175–300 g Zucker auf 1 l Wasser.
Für saures Obst 400–500 g Zucker auf 1 l Wasser.
Streuzucker
Für 1 kg süße Beeren 150–200 g Zucker.
Für 1 kg saure Beeren 200–250 g Zucker.

Die mit Streuzucker, also im »eigenen Saft« eingekochten Beeren sind aromatischer. Zu empfehlen ist dies bei saftreichen Früchten.
Für die Zuckerlösung die erforderliche Zuckermenge in Wasser aufkochen und die abgekühlte Lösung über die Früchte gießen. Man rechnet durchschnittlich pro Liter Glasinhalt 1/2 l Auffüllflüssigkeit.
Kompott ohne Zucker einzukochen ist nicht ratsam; die Früchte nehmen nachträglich nur langsam Zucker auf und haben weder das gewünschte Aussehen noch das Aroma.

Beim Einkochen ist häufig zu beobachten, daß die obere Fruchtschicht aus der Flüssigkeit herausragt und *bräunlich gefärbt* ist. Früchte, die leichter als der mit Zucker gesättigte Saft sind, steigen nach oben. Vermeiden läßt sich dies, indem die Gläser abends gefüllt, geschlossen über Nacht kühl gestellt und erst am nächsten Tag sterilisiert werden.

Dem *Nachdunkeln* – festzustellen ist das hauptsächlich bei hellen Obstsorten – kann man entgegenwirken, wenn beim Füllen des Glases obenauf einige Schalen der betreffenden Frucht gelegt werden (Aprikosen, Pfirsiche, Birnen, Äpfel). Auch das Zufügen kristalliner Zitronensäure führt zu guten Ergebnissen.

Die *spätere Trübung* einer zuvor klaren Flüssigkeit ist meist das Zeichen beginnenden Verderbs. Solches Einkochgut rasch verbrauchen!

Weißer Niederschlag an der Innenseite des Glasdeckels ist belanglos. Er kann durch die dünne, sich auflösende Wachsschicht, von der Mirabellen, Renekloden und Zwetschgen umgeben sind, verursacht werden.

Schimmelbildung im verschlossenen Einkochglas entsteht ab und zu bei einigen Beeren und Obstarten, die bei vorwiegend nasser Witterung gereift sind. Die

Rhabarber läßt sich vielseitig verwenden, als Saft, Gelee oder Kompott ▷

Früchte enthalten dann mehr Gärungserreger, die durch die üblichen Erhitzungszeiten nicht restlos vernichtet wurden.

Bei beginnender Schimmelbildung ist die obere Schicht des Einkochgutes vorsichtig und großzügig zu entfernen und der Inhalt entweder sofort zu verbrauchen oder erneut einzukochen. Bei ausgebildetem Schimmelrasen (ganzflächige Schimmelbildung) sollte von dieser Praktik unbedingt Abstand genommen und der gesamte Inhalt vernichtet werden!

Übersicht über den Gehalt an wichtigen Nährstoffen

Der genießbare Teil von 100 g Ware enthält: Obstart	Protein	Frucht-säure	Kohlen-hydrate	Kalium	Mineralstoffe Cal-cium	Phos-phor	Eisen	A	Vitamine B_1	B_2	Niacin	C	Energie Kilo-kalorien	Kilo-joule
	g	g	g	mg	mg	mg	mg	µg	mg	mg	mg	mg	kcal	kJ
Ananas	0,3	.	7	95	9	5	0,2	5	0,04	0,02	0,1	11	30	125
Äpfel	0,3	1	12	130	7	10	0,4	10	0,03	0,03	0,3	11	50	210
Apfelsinen	0,7	1	9	130	30	15	0,4	11	0,06	0,03	0,2	36	39	160
Aprikosen	0,8	1	11	250	15	20	0,6	250	0,04	0,05	0,7	9	49	205
Bananen	0,8	+	16	260	6	20	0,4	25	0,03	0,04	0,4	8	66	275
Birnen	0,5	+	13	115	16	20	0,3	15	0,05	0,03	0,2	5	55	230
Brombeeren	1,2	1	9	190	30	30	0,9	45	0,03	0,05	0,4	17	48	200
Ebereschen	1,5	3	22	230	40	33	2,0	3400	.	.	.	98	87	364
Erdbeeren	0,8	1	7	140	25	30	0,9	8	0,03	0,05	0,5	62	36	150
Grapefruits	0,5	4	7	130	14	10	0,2	2	0,05	0,02	0,2	32	23	95
Hagebutten	2,3	2	14	.	.	.	.	.	.	.	.	813	66	275
Heidelbeeren	0,6	1	13	65	10	10	0,7	20	0,02	0,02	0,4	21	60	250
Himbeeren	1,3	1	8	170	40	45	1,0	7	0,02	0,05	0,3	25	40	165
Holunderbeeren	2,5	+	9	300	35	57	.	.	0,06	0,07	1,0	18	42	176
Johannisbeeren, rot	1,1	2	9	230	30	25	0,9	6	0,04	0,03	0,2	35	44	185
Johannisbeeren, schwarz	1,3	3	12	300	45	40	1,3	23	0,05	0,04	0,3	170	56	235
Kirschen, süß	0,7	1	13	200	14	20	0,4	45	0,03	0,03	0,2	9	57	240
Kirschen, sauer	0,8	1	12	120	8	7	0,6	30	.	.	.	12	54	226
Kürbis	1,0	.	4	270	15	30	0,6	230	0,05	0,05	0,4	6	20	85
Mirabellen	0,7	1	14	230	12	33	0,5	.	.	.	.	7	60	251
Pfirsiche	0,7	1	10	200	5	30	1,2	70	0,05	0,05	0,7	10	42	175
Pflaumen	0,6	1	14	210	13	15	0,4	33	0,07	0,04	0,4	5	58	245
Preiselbeeren	0,3	2	9	65	13	10	0,5	4	0,01	0,02	.	12	43	180
Quitten	0,4	1	15	200	10	21	0,6	33	0,03	0,03	0,2	13	62	259
Reineclauden	0,7	1	14	240	13	24	1,1	.	.	.	.	6	65	272
Rhabarber	0,5	1	3	210	40	20	0,4	9	0,02	0,02	0,2	8	14	60
Sanddornbeeren	1,2	.	7	130	42	8	0,4	1500	0,03	0,02	0,2	450	92	385
Stachelbeeren	0,8	1	9	200	30	30	0,6	34	0,02	0,02	0,2	34	43	180
Weintrauben	0,7	1	16	255	20	25	0,5	5	0,05	0,03	0,2	4	70	290
Zitronen	0,5	3	5	95	7	10	0,3	2	0,03	0,01	0,1	34	18	75

Zeichenerklärung: + = Nährstoff ist nur in Spuren enthalten; ■ = es liegen keine genauen Analysen vor; 1 µg = 1/1000 mg; 1 mg = 1/1000 g; 1 Kilocalorie (kcal) = 4,184 Kilojoule (kJ).

Quellen: „Kleine Nährwerttabelle der DGE", 26. Auflage, 1975
„Die Zusammensetzung der Lebensmittel" von S. W. Souci, W. Fachmann und H. Kraut, 1964

Einmachkalender

Obst	Januar	Februar	März	April	Mai	Juni	Juli	August	September	Oktober	November	Dezember
Ananas	■	■	■									■
Äpfel	■	■						■	■	■	■	■
Apfelsinen	■										■	
Aprikosen						■	■					
Bananen	■	■								■	■	
Birnen	■	■							■	■	■	
Berberitzen									■	■		
Brombeeren							■	■	■			
Ebereschen									■	■		
Erdbeeren					■	■						
Hagebutten									■	■	■	
Heidelbeeren							■	■				
Himbeeren						■	■					
Holunderbeeren								■	■			
Johannisbeeren						■	■					
Kirschen, süß						■	■					
Kirschen, sauer						■	■					
Kürbisse								■	■	■		
Melonen								■	■			
Mirabellen								■				
Pfirsiche								■	■			
Pflaumen								■	■	■		
Preiselbeeren									■	■		
Quitten									■	■		
Reineclauden								■	■			
Rhabarber				■	■	■						
Sanddorn								■	■	■		
Schlehen										■	■	
Stachelbeeren						■	■					
Weintrauben									■	■		
Zitronen	■	■	■							■	■	■

Tabelle über Einkochzeiten und -temperaturen für Kompott

Sorte	Einkochzeit Minuten	Einkoch- temperatur °C
Äpfel (weich)	30	80
Äpfel (hart)	45	80
Apfelmus	30	90
Aprikosen	30	75
Birnen (weich)	30	90
Birnen (hart)	40–45	90
Brombeeren	30	75
Erdbeeren	20–25	75
Heidelbeeren	25–30	80
Himbeeren	20–25	75
Johannisbeeren	25–30	90
Kirschen (süß oder sauer)	25–30	80
Mirabellen	30	75
Pfirsiche	30	75
Pflaumen	25–30	75
Preiselbeeren	30	90
Quitten	30–40	90
Renekloden	30	75
Rhabarber	30	80
Stachelbeeren	30	75

Apfelkompott

3 kg Äpfel, Essig-, Salz- oder Zitronenwasser, 175–300 g Zucker, 1 l Wasser, Zitronenschale (ungespritzt), Zimtstange, Nelken, evtl. kristalline Zitronensäure

Äpfel schälen, vierteln oder in Scheiben schneiden, Kerngehäuse entfernen. Die Apfelstücke in Essig-, Salz- oder Zitronenwasser legen, damit sie hell bleiben. Schnell in die vorbereiteten Gläser legen. Zucker mit Wasser und den Gewürzen aufkochen und sofort über die Äpfel gießen. Vor dem Verschließen evtl. kristalline Zitronensäure hinzufügen, die das Nachdunkeln verhindert. Obenauf einige Apfelschalen legen. Gut verschließen und einkochen. Härtere Apfelsorten 5 Minuten vorkochen.
Einkochzeit: 30 Minuten bei 80 °C.

Apfelmus

4 kg Äpfel (Fallobst), Wasser, 300–400 g Zucker

Äpfel waschen und in Stücke schneiden. Kerngehäuse nur entfernen, wenn wurmige oder faule Stellen vorhanden sind. In Wasser (Menge richtet sich nach der Apfelsorte) weich kochen und durch ein Sieb streichen. Den Zucker unter das heiße Mus rühren. Bis 4 cm unter den Rand in Gläser füllen und einkochen.
Einkochzeit: 30 Minuten bei 90° C.

Aprikosenkompott

3 kg Aprikosen, 175–300 g Zucker, 1 l Wasser, evtl. kristalline Zitronensäure

Aprikosen kurz vor der Vollreife ernten. Waschen und – falls sie mit Kern eingekocht werden sollen – mit einem Holzstäbchen mehrere Male einstechen, um ein Platzen zu vermeiden. Sonst die Früchte halbieren, entsteinen und beim Einschichten in die Gläser einige Kerne aus aufgeschlagenen Aprikosensteinen mit hineinlegen. Zucker mit Wasser aufkochen und über die Aprikosen gießen. Evtl. kristalline Zitronensäure oder einige Fruchtschalen obenauf legen. Langsam erhitzen und einkochen.
Einkochzeit: 30 Minuten bei 75° C.

Aprikosenmus

Es gilt die Zubereitungsart für Apfelmus. Sehr gut schmeckt auch ein Mus, das aus beiden Fruchtsorten gemischt hergestellt wurde.

Birnenkompott

3 kg vollreife Birnen, Zitronenwasser, 200–300 g Zucker, 1 l Wasser, Zimt, Nelken oder Ingwer

Birnen von Blüte und Stil befreien, evtl. schälen. Halbieren, vom Kerngehäuse befreien und gegebenenfalls vierteln. Sofort in Zitronenwasser legen. Rasch mit der Rundung nach oben in Gläser schichten. Wasser mit Zucker und Gewürzen aufkochen und über die Früchte gießen. Nach Vorschrift verschließen und einkochen.
Einkochzeit: 30–35 Minuten bei 75° C.

Brombeerkompott

1 kg Brombeeren, 250 g Streuzucker

Brombeeren verlesen, waschen und abtropfen lassen. Schichtweise mit dem Zucker in Gläser geben, gut verschließen und einkochen.
Einkochzeit: 30 Minuten bei 75° C.

Erdbeerkompott

1 kg Erdbeeren, 200–250 g Streuzucker

Erdbeeren kurz, aber sorgfältig waschen, entstielen und abtropfen lassen. Mit dem Zucker schichtweise in Gläser füllen und über Nacht kühl stellen. Dadurch sacken die Früchte etwas zusammen und es können noch Erdbeeren nachgefüllt werden. Gut verschließen und einkochen.
Einkochzeit: 20 Minuten bei 75° C.

Heidelbeerkompott

1 kg Heidelbeeren, 200 g Streuzucker

Heidelbeeren verlesen und unter fließendem Wasser abbrausen. Mit Zucker vermischt in Gläser füllen. Dabei einige Male das Glas auf die Handfläche stoßen, damit die Früchte etwas zusammensacken. Gut verschließen und einkochen.
Einkochzeit: 30 Minuten bei 80° C.

Pfirsichkompott

4 kg Pfirsiche (reif, aber fest), 250–350 g Zucker, 1 l Wasser, evtl. kristalline Zitronensäure

Pfirsiche waschen und nach Belieben häuten. Früchte, die nicht geschält werden, mehrmals einstechen. Im ganzen einkochen oder in Spalten vom Stein lösen bzw. halbieren und in Gläser schichten. Zucker mit Wasser aufkochen, evtl. kristalline Zitronensäure oder einige Pfirsichschalen hinzufügen. Über die Früchte gießen, verschließen und einkochen.
Einkochzeit: 30 Minuten bei 75° C.

Johannisbeerkompott

1 kg große Johannisbeeren, 250–300 g Streuzucker

Johannisbeeren kurz waschen, abtropfen lassen und von den Rispen streifen. Mit dem Zucker vermischt in Gläser füllen. Dabei das Glas mehrmals auf die Handfläche stoßen, damit die Beeren etwas zusammensacken. Verschließen und einkochen.
Einkochzeit: Auf 98° C erhitzen und 20 Minuten im von der Heizstelle genommenen Topf auskühlen lassen.

Bunte Geleepalette als Kostprobe ▷

Himbeerkompott

1 kg Himbeeren, 150 g Streuzucker

Himbeeren verlesen, abbrausen und abtropfen lassen. Mit dem Zucker vermischen und in Gläser füllen. Gut verschließen und einkochen.
Einkochzeit: 20 Minuten bei 75 °C.

Kirschkompott

1 kg Kirschen, 175–200 g Zucker (bei Sauerkirschen 400–500 g), 1 l Wasser

Kirschen entstielen, nach Belieben entsteinen und in Einmachgläser füllen. Zucker mit Wasser aufkochen und über die Früchte verteilen. Einige aufgeschlagene Kirschsteine zugeben. Verschließen und einkochen.
Einkochzeit: 30 Minuten bei 75° C.

Mirabellenkompott

3 kg Mirabellen, 250–300 g Zucker, 1 l Wasser

Mirabellen waschen, entstielen und nach Belieben entsteinen. In Gläser füllen und einige aufgeschlagene Steine hinzufügen. Zucker mit Wasser aufkochen und über die Früchte gießen. Gut verschließen und einkochen.
Einkochzeit: 30 Minuten bei 75° C.

Pflaumenkompott

1 kg Pflaumen oder Zwetschgen, 200–300 g Zucker, 1 l Wasser

Pflaumen waschen, abtropfen lassen und ganz oder halbiert und entsteint in Gläser schichten. Zucker mit Wasser aufkochen, leicht abkühlen lassen und über die Pflaumen gießen. Verschließen und einkochen.
Einkochzeit: 30 Minuten bei 75° C.

Preiselbeerkompott

1 kg Preiselbeeren, 300–500 g Zucker, 1 l Wasser

Preiselbeeren sorgfältig verlesen und waschen. Zucker mit Wasser aufkochen und die Beeren hineingeben. Ca. 10 Minuten kochen lassen. Etwas abkühlen lassen und in Gläser füllen. Gut verschließen und einkochen.
Einkochzeit: 30 Minuten bei 90° C.

Quittenkompott

2 kg Quitten, Essig- oder Zitronenwasser, 350–450 g Zucker, 1 l Wasser

Quitten abreiben, schälen, in gleich große Stücke schneiden und das Kerngehäuse entfernen. Sofort in Essig- oder Zitronenwasser legen. Wasser und Zucker aufkochen. Quitten in Gläser schichten und mit der Zuckerlösung übergießen. Gut verschließen und einkochen.
Einkochzeit: 30 Minuten bei 90° C.

Reneklodenkompott

Es gilt das Rezept für Mirabellenkompott. Etwas mehr Zucker zugeben.

Rhabarberkompott

1 kg Rhabarber, 150–200 g Streuzucker

Rhabarber waschen, wenn nötig schälen und in 3 cm lange Stücke schneiden. Mit dem Zucker vermischt in Gläser schichten und zugedeckt einige Stunden ziehen lassen. Gut verschließen und einkochen.
Einkochzeit: 30 Minuten bei 80° C.

Stachelbeerkompott

1 kg Stachelbeeren (nicht ganz reif), 300–350 g Zucker,
1 l Wasser, 1 Vanilleschote

Die Beeren waschen und von Stiel und Blütenansatz
befreien. Mehrere Male mit einem Holzstäbchen einstechen, damit die Beeren nicht platzen. Wasser mit Zucker
aufkochen und über die Stachelbeeren gießen. Die aufgeschnittene Vanilleschote dazugeben. Gut verschließen und einkochen.
Einkochzeit: 30 Minuten bei 75° C.

Saftgewinnung

Die Herstellung von Säften kann erfolgen:
- durch Auspressen ungekochter Früchte (roher Saft)
- durch Zerdrücken und Abtropfenlassen gekochter
  Früchte (gekochter Saft)
- durch Benutzung eines Dampfentsafters (Saftaus-
  tritt aus den Früchten durch Zerplatzen der Zellwände)

Roher Saft

Aus weichen und festen Früchten kann in Fruchtpres-
sen ein natürlicher Saft gewonnen werden. Handpres-
sen (für kleinere Mengen), Zusatzgeräte für Küchenma-
schinen und elektrische Entsafter eignen sich dazu.
Frisch schmecken diese roh gepreßten Säfte am besten.
Aber auch zur Weiterverarbeitung – zum Pasteurisieren,
Einfrieren und für Gelee – sind sie selbstverständlich
geeignet.
Bei dieser Art der Zubereitung erzielt man allerdings
kein klares Gelee.

Dampfentsaften

Mit dem Dampfentsafter lassen sich größere Mengen
Fruchtsaft gewinnen. Aufsteigender Wasserdampf
bringt die Zellwände der Früchte zum Platzen, so daß
der Saft austreten kann. Im Auffangbehälter sammelt
sich der Saft und kann direkt in Flaschen abgezapft
werden. Bei konstanter Temperatur dauert die Entsaftungszeit je nach Fruchtart 30–60 Minuten und beginnt,
sobald das Wasser im Wasserbehälter kocht. In einem
Arbeitsgang kann man bis zu 4 l Saft gewinnen. Die
Zuckerzugabe beträgt für 1 kg süße Früchte 100–150 g,
für 1 kg saure Früchte 175–250 g. Wird der Saft zu Gelee
weiterverarbeitet, entfällt die Zugabe von Zucker.
Während des Arbeitsvorgangs ist darauf zu achten, daß
stets Wasser im Wasserbehälter ist und daß es ständig
kocht. Die vorbereiteten Flaschen stellt man zum Abfüllen am besten in eine Schüssel auf einem Stuhl. Den
beim Abfüllen überlaufenden Schaum von den Flaschen wischen; sofort mit Süßmostkappen verschließen, beschriften und kühl stellen.

System eines Dampfentsafters

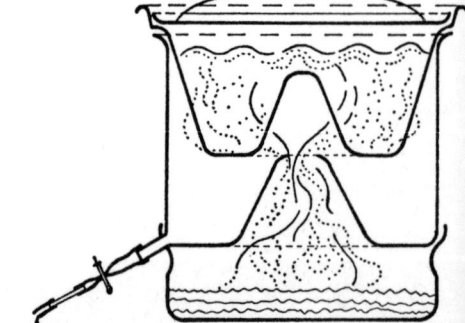

Einsatz für Obst
Saftbehälter

Wasser

Gekochter Saft

Die vorbereiteten Früchte werden zerdrückt und mit der angegebenen Wassermenge aufgekocht. Für 2 kg Obst rechnet man 1–2 l Wasser. Den heißen Brei gießt man in ein Leinentuch, das über einen Topf gespannt ist. Den abgelaufenen Saft mit der Zuckermenge aufkochen (300–500 g Zucker auf 1 l Saft) und sofort in vorbereitete Saftflaschen umfüllen.

Tabelle über Dampfzeiten und Zuckerzugaben bei der Saftgewinnung

Sorte	Dampfzeiten in Minuten	Zuckerzugabe auf 1 kg Früchte	
		Zum Trinken g	Zum Verdünnen g
Äpfel	60	50	100
Birnen	60	50	100
Brombeeren	35	100	150–180
Erdbeeren	30	30– 50	100–130
Hagebutten	60	100–200	160–230
Heidelbeeren	40	100	150–200
Himbeeren	30	30– 50	100–150
Holunderbeeren	40	80–100	160–200
Johannisbeeren	40–50	150–200	180–250
Kirschen (süß)	45	50	100
Kirschen (sauer)	45	80–100	160–200
Pfirsiche	45	50	100
Pflaumen	45	50–100	120–180
Preiselbeeren	60	100	160–200
Quitten	60	100	180–200
Rhabarber	45	100–150	200–280
Stachelbeeren	45	80–100	160–200
Weintrauben	45	80–100	160–200
Zwetschgen	45	50– 80	100–150

Apfelsaft

5 kg Äpfel, 500–600 g Zucker

Bei Verwendung unreifer Früchte und Fallobst erhöht sich die Zuckerzugabe.
Früchte waschen, schlechte Stellen ausschneiden; ungeschält und mit dem Kerngehäuse in große Stücke schneiden. In den Fruchtbehälter des Dampfentsafters füllen und mit der angegebenen Menge Zucker bestreuen. Topf mit Deckel schließen und das Wasser zum Kochen bringen. Nach der Entsaftungszeit den Saft in die vorbereiteten Flaschen abfüllen, die in einer Schüssel auf einem Stuhl vor dem Herd stehen sollten. Die Schlauchklemme wird solange geöffnet, bis die Flasche randvoll ist. Den übergelaufenen Schaum von den Flaschen wischen und sofort mit Süßmostkappen verschließen. Beschriften und kühl stellen.
Entsaftungszeit: 60 Minuten.

Birnensaft

5 kg Birnen, 400–500 g Zucker

Es gilt die gleiche Zubereitungsart wie für Apfelsaft.

Hagebuttensaft

5 kg Hagebutten, 1–2 l Wasser, 800–1100 g Zucker

Früchte von Stiel und Blüten befreien, zerschneiden und die Kerne entfernen. Mit der angegebenen Wassermenge aufkochen und bei mäßiger Hitze langsam weiterkochen lassen. Den Saft durch ein Leinentuch in eine Schüssel ablaufen lassen und mit dem Zucker vermischen. Kurz kochen. Sofort in die vorbereiteten Flaschen füllen und verschließen.
Entsaftungszeit: 60 Minuten.

Kirschsaft

5 kg Sauerkirschen, 800–1000 g Zucker;
oder: 5 kg Süßkirschen, 400–500 g Zucker

Kirschen waschen, gut abtropfen lassen und entstielen. Entsteinen ist nicht erforderlich. Weitere Zubereitung wie Apfelsaft.

Mischbeerensaft

5 kg Beerenfrüchte, Zucker (Himbeeren und Erdbeeren etwa 500 g Zucker, Preisel-, Stachel-, Heidel-, Holunder-, Brom- und rote Johannisbeeren 900–1200 g Zucker, schwarze Johannisbeeren 1000–1400 g Zucker)

Beeren vorsichtig waschen und gut abtropfen lassen. Entstielen ist nicht erforderlich. Mit dem Zucker in den Fruchtbehälter füllen und wie Apfelgelee zubereiten. Bei saftreichen Beeren (z. B. Johannis- und Himbeeren) sollte nach etwa 10 Minuten eine Flasche Saft abgezapft werden, damit der Saftbehälter nicht überläuft.
So hergestellter Saft ist nicht trinkfertig; er muß vor dem Verbrauch noch verdünnt werden. Für trinkfertige Säfte reduziert man die Zuckerzugabe um die Hälfte.
Entsaftungszeit: 30–40 Minuten.

Rhabarbersaft

5 kg Rhabarber, 1 l Wasser, 1000–1600 g Zucker

Rhabarber waschen und – wenn nötig – abziehen. In kleine Stücke schneiden. Zusammen mit der angegebenen Wasser- und Zuckermenge aufsetzen und zum Kochen bringen. Etwa 45 Minuten langsam ziehen lassen. Danach in ein Tuch schütten und in eine darunter stehende Schüssel ablaufen lassen. Den Saft vor dem Einfüllen in die Flaschen bis zum Siedepunkt erhitzen. Entsaftungszeit: 45 Minuten.

Sanddornsaft

5 kg Sanddornbeeren, 1–2 l Wasser, 1000–1200 g Zucker

Die vorbereiteten Beeren wie für Hagebuttensaft verarbeiten.

Schlehensaft

5 kg Schlehen, 1–2 l Wasser, 900–1100 g Zucker

Schlehen nach dem ersten Frost pflücken und nach den Angaben für Rhabarbersaft verarbeiten.
Der gewonnene Schlehensaft kann beim Einfüllen in die Flaschen mit heißem Birnen- oder Apfelsaft vermischt werden. Aber auch kurz vor dem Trinken erzielt man mit einer Mischung aus 2 Teilen Schlehensaft, 1 Teil Brombeersaft und 1 Teil Mineralwasser ein erfrischendes Getränk.

Quittensaft

5 kg Quitten, 700–1000 g Zucker

Gleiche Zubereitung wie bei Apfelsaft.

Wissenswertes über die Herstellung von Gelee, Marmelade und Konfitüre

Pektinerzeugnisse

Geliermittel (Gelierhilfen), in pulverisierter oder flüssiger Form von der Industrie angeboten, sind natürliche Gelierstoffe, genannt Pektine, die pflanzlich und wasserlöslich sind. Gewonnen wird Pektin vorrangig aus fleischigen, unreifen Früchten, wie Äpfel, Quitten und Zitronen. Auch in Zuckerrüben ist dieser Gelierstoff enthalten. Durch die Verwendung von Pektin zusammen mit Zucker und Fruchtsäure, die in fast allen Obstarten vorkommt, aber auch in Form von kristalliner Zitronensäure (Citropekt) der Packung beigefügt ist, wird ein schnelles Gelieren bewirkt.

Im Handel ist auch Gelierzucker erhältlich. Durch die wohldosierte Mischung verschiedener Komponenten – nämlich reine Raffinade, Wein- oder Zitronensäure, Apfelpektin und bei einem Produkt zusätzlich Vitamin C – wird noch ein weiterer Arbeitsgang eingespart. Dieser Zucker süßt und geliert zugleich. Die Angst, nicht das richtige Mischungsverhältnis getroffen zu haben, fällt bei der Verarbeitung dieses Gelierzuckers weg.

Für alle Geliermittel sprechen wichtige Gesichtspunkte. Durch die erheblich kürzere Kochzeit erzielt man nicht nur einen Zeitgewinn, auch Vitamine und Geschmacksstoffe werden geschont. Außerdem sind die Kochverluste geringer, die von der Dauer der Kochzeit abhängig sind. Je länger die Masse kocht, um so mehr Flüssigkeit verdampft; dabei geht wertvoller Fruchtsaft verloren, der ausschlaggebend für Geschmack und Aroma ist. Der Quantitätsverlust bei einem Frucht-Zucker-Gemisch von ca. 2 kg beträgt bei einer Kochzeit von 30 Minuten 400–450 g.

Tips zum guten Gelingen

- Das Obst muß einwandfrei und – sofern nicht anders angegeben – voll ausgereift sein. Auf eventuelle Sonderangebote sollte man nur eingehen, wenn sie auch den Qualitätsanforderungen entsprechen. Billige Ware hat auch fast immer den Nachteil, daß viel Abfall anfällt.

- Zum Kochen der Früchte Edelstahl- oder Emailtöpfe verwenden. Sie dürfen innen nicht beschädigt sein, da das Kochgut sonst leicht anhängt und dadurch der Geschmack beeinträchtigt werden kann. Auch könnte das Kochgut verderben.

- Alle Geräte sollen nur beim Einkochen Verwendung finden und müssen vor Gebrauch gründlich gereinigt werden.

- Den Kochtopf nur bis zur Hälfte mit der Frucht-Zucker-Masse füllen. Bei der Verarbeitung von 2 kg Früchten und 2 kg Zucker sollte ein 10-l-Topf zur Verfügung stehen, da beim Aufkochen Schaum entsteht. Dieser kann beim Einfüllen in die Gläser untergerührt werden, da er die Haltbarkeit nicht beeinträchtigt.

- Während des Kochens ist ein Umrühren erforderlich. Für eine Gelierprobe gibt man einige Tropfen Fruchtmasse auf einen Teller. Ist sie nach dem Erkalten erstarrt (ohne wässrigen Rand), wird es auch im Glas zu einer einwandfreien Gelierung kommen.

- Beim Erkalten der Fruchtmasse bilden Gelierstoffe ein Pektingerüst aus kleinen Zellen. Je kleiner das Glas, desto dichter das Gerüst und desto besser die Konsistenz. Deshalb eignen sich kleinere Gläser für das Aufbewahren von Marmelade, Konfitüre und Gelee besonders gut.

- Das Fruchtgut heiß, aber nicht bis ganz zum Rand in die mit einer Spülmittellauge (auch Spülmaschine) gereinigten und mit heißem Wasser nachgespülten Gläser füllen. Zum Schutz vor Bakterien müssen vor dem Einfüllen die Gläser umgestülpt auf sauberen Küchenhandtüchern zum Abtropfen oder mit heißem Wasser gefüllt stehen bleiben. *Auf keinen Fall die Gläser abtrocknen!*

- Beim Einfüllen die Gläser auf ein feuchtes Tuch stellen. Die Gefahr, daß sie platzen könnten, ist somit behoben.

- Aus der Verwendung unterschiedlicher Glastypen ergeben sich verschiedene Methoden des Verschließens. Einmachcellophan ist eine glasklare Haut, die sich – von außen angefeuchtet – leicht über den Glasrand ziehen läßt und sich nach dem Erkalten wieder strafft. Zusätzlich kann sie noch mit einem Gummiring oder Bindfaden befestigt werden.

- Mit Cellophan verschlossene Gläser kühl, luftig und trocken aufbewahren. Speisekammer, Schrank oder trockene Kellerräume eignen sich gut, nach Möglichkeit nicht den Kühlschrank dafür benutzen, da die Luftfeuchtigkeit dort zu hoch ist.

- Marmeladen, Konfitüren und Gelees können auch sterilisiert werden. Dieser Mehraufwand an Arbeit lohnt sich nur, wenn die geschilderten guten Lagerbedingungen nicht gegeben sind. Das zusätzliche Sterilisieren verhindert Schimmelbildung und das vorzeitige Eintrocknen des Füllgutes. (Sterilisierzeit 30 Minuten bei 90 °C.)

- Gläser mit Twist-Off-Verschlüssen, wie sie auch von der Industrie z. B. für Sauerkonserven und Babykost benutzt werden, haben sich auch im Haushalt für das Einkochen gut bewährt. In der Handhabung sind sie sehr einfach. Nachdem das heiße Fruchtgut in die gesäuberten, vorgewärmten Gläser nicht ganz bis zum Rand eingefüllt worden ist, setzt man den vorher ausgekochten Deckel auf und dreht bis zum Anschlag fest. Das Glas kann, um einen absolut luftdichten Abschluß zu gewährleisten, für einige Minuten oder besser noch bis zum völligen Erkalten des Inhalts auf den Kopf gestellt werden. Ein Austrocknen, Schimmeln oder gar Gären des Fruchtguts ist bei dieser Methode kaum möglich.

- Jedes Glas sollte beschriftet werden und ca. 14 Tage ruhig an seinem Platz stehen. Eine endgültige Gelierung muß noch nicht am vierten oder fünften Tag erfolgt sein. Deshalb nicht ungeduldig die Gläser schütteln oder gar darin rühren. Das Pektingerüst würde dadurch zerstört und das Gelieren erschwert werden oder gar nicht mehr möglich sein.

- Zu einer Schimmelbildung kann es unter anderem kommen, wenn das Einmachgut (mit Einmachhaut verschlossen) in Kellerräumen, in denen auch leere Weinflaschen liegen, aufbewahrt wird. Doch ist wissenschaftlich erwiesen, daß Schimmel auf Marmeladen, Konfitüren und Gelees mit einem normalen Zuckergehalt von etwa 60 % nicht gesundheitsschädigend ist. Den Inhalt dieser Gläser zu vernichten, ist nicht nötig; es genügt, die Schimmelschicht großzügig abzuheben und den Rest zu verbrauchen. Stellt man bei mehreren Gläsern der gleichen Fruchtsorte Schimmel fest, sollte nach Entfernung des Schimmels der Inhalt aller Gläser erneut aufgekocht und nach Vorschrift verschlossen werden.

- Ist nach einiger Zeit die Fruchtmasse etwas eingesunken (eingetrocknet), kann durch kräftiges Rühren und Zufügen von heißem Wasser oder Fruchtsaft der Inhalt der Gläser zum Verzehr wieder streichfähig gemacht werden. Ratsam ist es, dies erst direkt vor dem Verzehren durchzuführen.

Gelee

Das Ausgangsprodukt für Gelee ist klarer Fruchtsaft, der auf verschiedene Arten gewonnen werden kann:

- durch Dampfentsaften (Wasserdampf erweicht die Zellwände der Früchte und bringt sie zum Platzen)
- durch Auspressen ungekochter Früchte (Kaltverfahren)
- durch Kochen (zerdrücken und abtropfen der gekochten Früchte)

Eine Zuckerzugabe entfällt beim Entsaften.

Zum Entsaften wird für Gelee gern unreifes Obst verwendet, da sein Eigenpektingehalt höher ist und es sich zur Geleebereitung gut eignet. Doch darf nicht übersehen werden, daß voll ausgereiftes Obst geschmacklich die besseren Eigenschaften besitzt. Aus diesem Grund ist es ratsam, beim Entsaften für die spätere Geleeverarbeitung reifes *und* unreifes Obst zu verwenden.

Beerenfrüchte: Stachel-, Johannis-, Him- und Brombeeren braucht man vor dem Entsaften nur zu waschen, ein Entfernen von Stiel und Rippen ist nicht erforderlich.

Steinobst: Pfirsiche waschen und entsteinen; Kirschen und Renekloden können mit dem Stein entsaftet werden.

Kernobst: Kernobst sollte gewaschen und zerkleinert werden, doch muß das Kerngehäuse nicht unbedingt entfernt werden.

Der Fruchtsaft wird mit dem Zucker aufgekocht, bis die Masse geliert. Wie bereits gesagt, hängt das Gelieren von mehreren Faktoren ab. Pektin, das in unterschiedlicher Menge im Obst enthalten ist, wird bei der Saftgewinnung im Dampfkochtopf am besten gelöst und geht vollständig in den Saft über. Beim Kaltverfahren bleiben die notwendigen Substanzen im Fruchtbrei, eine gute Gelierung ist also nicht gewährleistet. Außerdem gelangt beim Auspressen ungekochter Früchte sehr viel Fruchtfleisch (Zellsubstanz) in den Saft, was beim Gelee unerwünscht ist.

Das fertige Gelee sofort in Gläser füllen und verschließen.

Zitronengelee

1 l Zitronensaft, 1 kg Gelierzucker, Schale von 2 unge-spritzten Zitronen

Den Zitronensaft mit dem Zucker vermischen. Hauch-dünn geschälte und in Streifen geschnittene Zitronen-schale zugeben. Alles zusammen 4 Minuten sprudelnd kochen lassen. Sofort in Gläser füllen und verschließen.

Brombeergelee

1 l Brombeersaft mit 1 kg Gelierzucker mischen und wie Zitronengelee zubereiten.
Weitere Mischungen: 1/2 l Brombeersaft, 1/2 l Apfelsaft, 1/2 l Holundersaft, 1 1/2 kg Gelierzucker. Oder:
1/2 l Brombeersaft, 1/4 l Rhabarbersaft, 1/2 l Johannisbeer-saft, 1 Vanillestange (aufgeschnitten), 1 1/4 kg Gelier-zucker. Oder:
1/4 l Brombeersaft, 1/4 l Birnensaft, 1/4 l Erdbeersaft, 1/4 l Orangensaft, 1 kg Gelierzucker, je Glas 1 EL Kokosnuß-Likör.

Sauerkirschgelee

3/4 l Sauerkirschsaft, 1 kg Gelierzucker, Saft von 2 Zitronen

Zubereitung wie bei Zitronengelee.

Pflaumen-Birnen-Gelee

1/2 l Saft aus reifen, saftigen Pflaumen, 1/4 l Saft aus reifen Birnen, 1 Msp. Nelken, 1 Msp. Ingwerpulver, 1 Msp. Zimt, 1 kg Gelierzucker

Die Säfte mit den Gewürzen mischen und den Zucker einrühren. Weitere Verarbeitung wie bei Zitronengelee.

Quitten-Holunder-Gelee

1/2 l Quittensaft, 1/4 l Holundersaft, Saft von 2 Zitronen, 1 kg Gelierzucker

Quittensaft mit Hilfe des Dampfentsafters gewinnen. Die Säfte mit dem Zucker vermischen und 4 Minuten spru-delnd kochen lassen. In vorbereitete Gläser füllen und sofort verschließen.

Grapefruitgelee

1 l Grapefruitsaft, 1 kg Gelierzucker, Schale einer un-gespritzten Grapefruit

Grapefruitsaft mit dem Zucker verrühren und nach Wunsch die in schmale Streifen geschnittene Grape-fruitschale hinzufügen. Zusammen 2 Minuten spru-delnd kochen lassen. In Gläser füllen und sofort ver-schließen. Kühl aufbewahren.
Abwandlung:
Vor dem Einfüllen in die Gläser unter das Grapefruitge-lee 2 EL Kräuterlikör und 2 EL Grenadine (Saft von Granatäpfeln) oder Süßkirschsaft rühren.

Johannisbeergelee

Zubereitung wie für Grapefruitgelee. Den Grapefruitsaft im Dampfentsafter gewinnen. Das Gelee kann mit Zimt oder einem Stück Ingwer verfeinert werden. Auch eine Mischung aus schwarzen und roten Johannisbeeren oder auch Himbeeren ergibt ein schmackhaftes Gelee.

Quittengelee

1 l Quittensaft, 20 g Gelierpulver, 1 kg Zucker

Quittensaft im Dampfentsafter gewinnen. Mit Gelierpul-ver vermischen und unter Rühren erhitzen. Bei Kochbe-ginn den Zucker einrieseln lassen. 1 Minute sprudelnd kochen lassen. Heiß in vorbereitete Gläser füllen und sofort verschließen. Kühl aufbewahren.

Pikant eingelegte Pilze ▷

Apfelgelee

Zubereitung wie für Grapefruitgelee. Den Apfelsaft im Dampfentsafter gewinnen. Als Geschmackszutaten können Arrak, Weißwein, abgeriebene Zitronenschale, etwas Saft von Ebereschen, Holunderbeeren oder Schlehen beigegeben werden. Wichtig ist das Mengenverhältnis; nicht mehr als 2 l Saft und 2 kg Gelierzucker auf einmal verarbeiten.

Weintraubengelee mit Schuß

Den Saft ohne Zuckerzugabe gewinnen und weiter zubereiten nach dem Rezept von Quittengelee. Mit weißem Rum kann man Weintraubengelee verfeinern. Vor dem Einfüllen in die Gläser je 1 kleines Gläschen davon hinzufügen.

Sanddorngelee

Die Sanddornbeeren in Wasser kochen und durch ein Tuch den Saft ablaufen lassen. Weitere Zubereitung wie bei Quittengelee. Mit einem Schuß Curacao gewinnt das Gelee an Geschmack.

Heidelbeergelee

Heidelbeersaft im Dampfentsafter gewinnen. Weitere Zubereitung wie bei Quittengelee. Verfeinern kann man dieses Gelee mit Pfirsichsaft oder 1 Glas Gin.

Erdbeergelee

Hier gilt die gleiche Zubereitung wie für Quittengelee. Man kann 3/4 l Erdbeersaft und 1/4 l schwarzen Johannisbeersaft mischen und als Geschmackszutat etwas Bittermandelöl hinzufügen.

Himbeergelee mit Orangensaft

Himbeersaft im Dampfentsafter gewinnen und nach dem Rezept von Zitronengelee zubereiten. Zum Schluß etwas selbstausgepreßten Orangensaft unter die heiße Masse rühren.

Stachelbeergelee mit Honig

Stachelbeersaft mit Gelierzucker mischen und wie Zitronengelee zubereiten. Kurz vor dem Einfüllen in die Gläser Honig einrühren.

Rhabarbergelee

Der Rhabarbersaft im Dampfentsafter gewinnen. Die weitere Zubereitung erfolgt nach dem Rezept von Grapefruitgelee. Mischungen mit Erdbeer-, Orangen- oder Himbeersaft ergeben ein geschmacklich gutes Gelee. An Gewürzen kann man Ingwer, Nelken, Orangeat oder Zitronat verwenden.

Marmelade

Für Marmelade werden alle Früchte nach dem Waschen und Abtropfen halbiert, entsteint oder entkernt und in kleine Stücke geschnitten. Danach im Fleischwolf, im Mix-Aufsatz der Küchenmaschine oder mit dem Handmixer zermusen. Beerenfrüchte zerkleinert man zweckmäßigerweise gleich im zum Kochen vorgesehenen Topf. Die weitere Verarbeitung hängt von der Zugabe des Gelierzusatzes ab. In den einzelnen Rezepten findet man Anregungen, verschiedene Fruchtsorten zu mischen und mit Alkohol zu verfeinern. Je nach Art des Geliermittels (Gelierzucker, flüssiges Geliermittel oder Gelierpulver) beträgt die Kochzeit 10 Sekunden bis 4 Minuten. Heiß in die vorbereiteten Gläser füllen und verschließen.

Erdbeermarmelade

2 kg Erdbeeren, 10 g Citropekt (Zitronensäure), 2 kg Zucker, 1 Normalflasche flüssiges Geliermittel

Erdbeeren waschen, Stiele abzupfen und die Beeren zermusen. Mit Citropekt und Zucker vermischen. Unter ständigem Rühren 10 Sekunden kochen lassen. Geliermittel zugeben und noch einmal kurz aufwallen lassen. Sofort in die vorbereiteten Gläser füllen und verschließen. Kühl aufbewahren.

Rhabarbermarmelade mit Erdbeeren

1 1/2 kg Rhabarber (jung), 1/2 kg Erdbeeren (klein), 2 kg Gelierzucker

Den Rhabarber nur wenn nötig schälen, waschen und in kleine Stücke schneiden. In wenig Wasser weich kochen. Erdbeeren waschen und von Stiel und Blüte befreien. Mit dem Rhabarbermus vermischen und mit dem Zucker zum Kochen bringen. Unter Rühren 2 Minuten kochen lassen. Dann in Gläser füllen und sofort verschließen.

Johannisbeer-Himbeer-Marmelade

1 kg Himbeeren, 1/2 kg Johannisbeeren, 1 1/2 kg Gelierzucker

Früchte mit dem Handmixer zermusen und mit dem Zucker zum Kochen bringen. Nach 2 Minuten Kochzeit in Gläser füllen und verschließen.

Ananas-Brombeer-Marmelade

Frische Ananas von Schale und hartem Strunk befreien und mit dem Mixer grob zerkleinern. Brombeeren waschen und zermusen. Ananas und Brombeeren müssen 2 kg Frucht ergeben. Weitere Zubereitung wie bei Erdbeermarmelade.
Abwandlung: 1/2 Stange Zimt mitkochen und zum Schluß etwas Whiskey einrühren.

Holunder-Apfel-Marmelade

Äpfel schälen und entkernen. Es gilt die gleiche Zubereitung wie für Erdbeermarmelade (insgesamt 2 kg Frucht). Will man die Marmelade anschließend noch sterilisieren, kann die Zuckerzugabe etwas reduziert werden.

Sauerkirschmarmelade

2 kg Sauerkirschen, 40 g Gelierpulver, 2 kg Zucker

Kirschen waschen, entstielen, entsteinen und zermusen. Gelierpulver einrühren und das Fruchtmus zum Kochen bringen. Nach und nach Zucker zugeben und 1 Minute kochen lassen. Heiß in Gläser füllen und sofort verschließen.

Preiselbeer-Apfelsinen-Sauerkirsch-Marmelade

1 kg Preiselbeeren, 1/2 kg Apfelsinen, 1/2 kg Sauerkirschen, 40 g Gelierpulver, 2 kg Zucker

Beeren zerdrücken und die beiden anderen Obstsorten zermusen. Wie Sauerkirschmarmelade zubereiten.

Pfirsichmarmelade mit Feigen

2 kg Pfirsiche, 8–10 Feigen, 40 g Gelierpulver, 2 kg Zucker

Pfirsiche kurz in heißes Wasser legen und häuten. Die Steine entfernen, einige davon aufklopfen und die Kerne herausnehmen. Das Fruchtfleisch zermusen und mit den in feine Streifen geschnittenen Feigen mischen. Pfirsichkerne mitkochen und nach Beendigung des Kochvorganges wieder entfernen. Nach dem Rezept von Sauerkirschmarmelade weiterverarbeiten.

Grapefruitmarmelade mit Sauerkirschsaft

1 kg Grapefruits, 1/4 l Sauerkirschsaft, 40 g Gelierpulver, 1 1/4 kg Zucker

Grapefruits schälen, in kleine Stücke schneiden und mit dem Handmixer zermusen. Mit dem selbstgewonnenen Kirschsaft mischen und nach dem Rezept für Sauerkirschmarmelade weiterverarbeiten.

Reneklodenmarmelade

2 kg Renekloden, 40 g Gelierpulver, 2 kg Zucker

Es gilt das Rezept für Sauerkirschmarmelade. *Abwandlung:* Vor dem Einfüllen in die vorbereiteten Gläser etwas Portwein unterrühren.

Himbeer-Sauerkirsch-Marmelade

1 kg Himbeeren, 1/2 kg Sauerkirschen, Saft von 2 Zitronen, 1 1/2 kg Gelierzucker

Himbeeren leicht zerdrücken, Kirschen entsteinen und zermusen. Mit dem Zitronensaft mischen, dann den Zucker einrühren. Weitere Zubereitung wie bei Stachelbeermarmelade.

Aprikosenmarmelade

1 kg Aprikosen, 1 kg Gelierzucker, 1 Schuß Arrak

Aprikosen waschen, entkernen und zermusen. Weitere Zubereitung wie bei Stachelbeermarmelade. Vor dem Einfüllen in Gläser Arrak zugeben.

Rhabarber-Stachelbeer-Pfirsich-Marmelade

1 kg junger Rhabarber, 3/4 kg Pfirsiche, 1/4 kg Stachelbeeren, 2 kg Gelierzucker

Den Rhabarber ungeschält in Stücke schneiden. Pfirsiche kurz in heißes Wasser legen, häuten und entkernen. Stachelbeeren von Stielen und Blüten befreien und leicht zerdrücken. Alles zusammen kurz im Mixaufsatz der Küchenmaschine zermusen. Mit dem Zucker vermischen und zum Kochen bringen. 2 Minuten unter Rühren sprudelnd kochen lassen, dann in Gläser füllen und verschließen.

Stachelbeermarmelade

1 kg Stachelbeeren, 1 kg Gelierzucker

Stachelbeeren (am besten reife und unreife Früchte gemischt) waschen, von Blüte und Stiel befreien und zermusen. Mit dem Zucker zum Kochen bringen. Unter Rühren 2 Minuten sprudelnd kochen lassen. In Gläser füllen und gut verschließen. Kühl aufbewahren.

Mirabellenmarmelade mit Schuß

Es gilt das Rezept für Stachelbeermarmelade. Vor dem Einfüllen in die vorbereiteten Gläser mit Armagnac oder Topinambur verfeinern.

Apfelsinenmarmelade

2 ungespritzte Apfelsinen, 1 kg Apfelsinen, 1 Zitrone, 1 kg Gelierzucker, Cointreau

Die ungespritzten Apfelsinen unter heißem Wasser abbürsten, abreiben und dann dünn schälen. Die Schalen in feine Streifen schneiden (weiße Haut nicht mit verwenden). Das Fruchtfleisch in Spalten teilen und hauchdünn schneiden. Die übrigen Apfelsinen schälen, entkernen und zermusen. Nach Belieben das kleingeschnittene Fruchtfleisch der Zitrone zu den Apfelsinen geben. Alles zusammen mit dem Zucker mischen und zum Kochen bringen. 4 Minuten sprudelnd kochen lassen. Mit etwas Cointreau verfeinern und in Gläser füllen. Gut verschließen.

Hagebutten-Apfelsinen-Marmelade

1 kg Hagebuttenmark, 1/2 kg Apfelsinenfruchtfleisch, 1 1/2 kg Gelierzucker

Hagebuttenmark zu den zermusten Apfelsinen geben und mit dem Zucker vermengen. 4 Minuten sprudelnd kochen lassen, dann in Gläser füllen und verschließen.

Süßkirschmarmelade mit Schuß

2 kg Süßkirschen, 2 kg Gelierzucker, Kirschlikör oder Rum

Kirschen waschen, von Stielen befreien, entkernen und leicht zerdrücken. Mit dem Zucker vermischen und zum Kochen bringen. 4 Minuten sprudelnd kochen lassen. Mit etwas Kirschlikör oder Rum abschmecken und in Gläser füllen. Gut verschließen.

Sauerkirschmarmelade mit Berberitzensaft

1 kg Sauerkirschen, 1/2 l Berberitzensaft, 1 1/2 kg Gelierzucker

Sauerkirschen waschen, von Stielen befreien, entkernen und zermusen. Berberitzensaft durch Kochen und Durchsieben von Berberitzenfrüchten gewinnen und mit den Kirschen verrühren. Mit dem Zucker mischen und zum Kochen bringen. 4 Minuten sprudelnd kochen lassen, in Gläser füllen und gut verschließen.

Birnenmarmelade mit Traubensaft

1 1/2 kg Birnen, 1/2 l Traubensaft, 2 kg Gelierzucker, Bittermandelöl

Birnen schälen, entkernen und zermusen. Mit dem Traubensaft vermischen und den Zucker einrühren. 4 Minuten sprudelnd kochen lassen. Mit einigen Spritzern Bittermandelöl verfeinern und in Gläser füllen.

Rohmarmelade

Beerenfrüchte lassen sich gut zu kalt gerührten Marmeladen verarbeiten, wobei sich Johannis-, Stachel- und Preiselbeeren besonders gut eignen, da sie sehr pektinreich sind. Auch Quitten besitzen zwar sehr viel Eigenpektin, doch sind sie für die Verarbeitung zu roh gerührten Marmeladen ungeeignet, da sie nicht roh verzehrt werden sollen.
Das Gelingen der Rohmarmelade liegt vor allem an der Verbindung von Frucht und Zucker. Es ist wichtig, den Zucker langsam zu der Fruchtmasse zu geben. Verwendet man zum Rühren den Mix-Aufsatz einer Küchenmaschine, dauert der Vorgang ca. 8–10 Minuten; benutzt man einen Handmixer, muß man 30–40 Minuten rechnen, bis die gewünschte Festigkeit erreicht wird.

Roh gerührte Marmelade sollte nur in kleinen Mengen (500 g Frucht – 500 g Zucker) hergestellt werden. Ungeöffnet hält sie sich in Gläsern 3–4 Monate.

Stachelbeermarmelade roh gerührt

500 g Stachelbeeren, etwas Zitronensaft, 500 g Zucker

Stachelbeeren waschen, abtropfen lassen und von Stiel und Blütenansatz befreien. Leicht zerdrücken und mit etwas Zitronensaft beträufeln. 100 g Zucker untermischen und über Nacht zugedeckt kühl stellen. Am nächsten Tag die Beeren in den Mixaufsatz der Küchenmaschine füllen und ca. 10 Minuten (mit dem Handmixer ca. 40 Minuten) unter langsamer Zugabe des restlichen Zuckers pürieren. Wenn sich der Zucker vollständig aufgelöst hat, die Marmelade in die vorbereiteten Gläser füllen und mit angefeuchteter Einmachhaut verschließen. Zubinden und kühl stellen.

Das gleiche Rezept gilt auch für Johannisbeer-, Preiselbeer-, Brombeer-, Erdbeer- und Himbeermarmelade roh gerührt.

Marmelade für Diabetiker

Diabetiker brauchen auf Marmelade meist nicht verzichten, wenn sie mit Diabetiker-Zucker gesüßt ist. Geeignet sind alle Beerensorten, Steinobst und auch Kernobst. Auch Gelee kann mit Diabetiker-Zucker hergestellt werden. Um sicher zu gehen, erkundigt man sich bei seinem Arzt, ob man als Diabetiker diese Marmelade essen darf oder nicht.

250 g Fruchtmus, 250 g Diabetiker-Zucker (Sorbit), 1 KL Zitronensaft, 2½ EL flüssiges Geliermittel

Die zermusten Beeren oder Früchte mit dem Sorbit vermischen und mit dem Zitronensaft unter ständigem Rühren zum Kochen bringen. 4 Minuten sprudelnd kochen lassen, dann das Geliermittel hinzufügen. Kurz aufkochen lassen und sofort in die vorbereiteten Gläser füllen.

100 g dieser Marmelade enthalten je nach Obstart etwa 5,9 g verdauliche Kohlenhydrate und 52,0 g Zuckeraustauschstoff Sorbit; kj: 971 (kcal: 232).

Konfitüre

Für Konfitüren verwendet man nur voll ausgereifte, einwandfreie Früchte einer einzigen Sorte. Sie werden ganz oder nur grob zerkleinert verarbeitet. Die gewaschenen und zerteilten Früchte mischt man nach der jeweiligen Anweisung mit dem Geliermittel und bringt sie dann zum Kochen. Die Kochzeit liegt bei der Zubereitung von Konfitüre etwas höher als bei der von Marmelade.

Es kann vorkommen, daß sich nach dem Einfüllen in die gut vorbereiteten Gläser die Früchte im oberen Teil des Glases ansammeln. Das hat auf Haltbarkeit und Geschmack jedoch keinen Einfluß. Vor dem Verzehr rührt man die Konfitüre einmal durch und verteilt damit die Früchte.

Erdbeerkonfitüre

1½ kg Erdbeeren, 1¾ kg Zucker, 10 g Citropekt (Zitronensäure), 1 Normalflasche flüssiges Geliermittel

Die Erdbeeren waschen und abtropfen lassen, Stiele und Blütenansätze entfernen. Große Beeren halbieren oder in Stücke schneiden. Die Hälfte der Früchte in den Topf geben und leicht zerdrücken, die andere Hälfte bleibt ganz und wird erst nach dem Untermischen des Zuckers und des Citropekts vorsichtig eingerührt. Bei starker Hitze 10 Sekunden lang aufwallen lassen. Dann das Geliermittel zugeben und nochmals aufkochen lassen. Sofort in Gläser füllen und verschließen.

Johannisbeerkonfitüre

Es gilt das Rezept für Erdbeerkonfitüre. Die Johannisbeeren vorsichtig von den Rispen streifen und ganz verarbeiten.

Mirabellenkonfitüre

Es gilt das Rezept für Erdbeerkonfitüre. Vor dem Einfüllen in die Gläser kann man noch einen Schuß Grappa unterrühren.

Birnenkonfitüre mit Maracuja

500 g Birnen, 1/4 l Maracujasaft, 750 g Gelierzucker

Birnen waschen, halbieren, entkernen und in kleine Stücke schneiden. Mit dem Zucker und dem Saft vermischt 24 Stunden ziehen lassen. Weitere Zubereitung wie Aprikosenkonfitüre.
Abwandlung: Einige Mandelblättchen in der Konfitüre mitkochen.

Aprikosenkonfitüre mit Schuß

1 kg Aprikosen, 1 kg Gelierzucker, 1 Gläschen Apricot-Brandy

Aprikosen waschen, halbieren, entsteinen und in Streifen schneiden. Zucker zugeben und gut vermischt 24 Stunden ziehen lassen. Danach unter Rühren zum Kochen bringen. 4 Minuten sprudelnd kochen lassen. Vor dem Einfüllen in die vorbereiteten Gläser den Apricot-Brandy unterrühren. Sofort verschließen.

Süßkirschkonfitüre mit Apfelsaft

Es gilt das Rezept für Erdbeerkonfitüre. Vor dem Einfüllen in die Gläser rührt man ein Glas Apfelsaft unter.

Stachelbeerkonfitüre

Zubereitung wie bei Aprikosenkonfitüre.

Pflaumenkonfitüre mit Armagnac

1 kg Pflaumen, 1 kg Gelierzucker, 1/8 l Armagnac

Pflaumen waschen, halbieren und entsteinen. In kleine Stücke schneiden und mit dem Gelierzucker vermischt 24 Stunden zugedeckt stehen lassen. Dann aufkochen und 4 Minuten sprudelnd kochen lassen. Kurz vor dem Einfüllen in die Gläser den Armagnac unterrühren. Gut verschließen.

Pflaumenkonfitüre mit Madeira und Zimt

1 kg Pflaumen, 1 gestr. EL Zimt, 1 kg Gelierzucker

Die Pflaumen werden mit Zucker und Zimt bestreut und 24 Stunden stehen gelassen. Die weitere Zubereitung gleicht der für Pflaumenkonfitüre mit Armagnac. Zuletzt wird statt Armagnac Madeira untergerührt.

Ananaskonfitüre

Ananaskonfitüre aus frischen Früchten schmeckt besonders fein. Aber auch aus Dosenfrüchten bei Zugabe von Zitronensaft ist ein leckerer Brotaufstrich zu bereiten. Da Dosenobst schon Zucker enthält, sollte man auf einen kräftigen Schuß »Hochprozentigen« (Tequila oder Topinambur) nicht verzichten. Die Zubereitung gleicht der für Aprikosenkonfitüre.

Reneklodenkonfitüre

Renekloden lassen sich meist nur mit etwas Mühe entsteinen. Den abtropfenden Saft auffangen und alles zusammen mit dem Gelierzucker vermischt 24 Stunden ziehen lassen. Weitere Zubereitung wie Aprikosenkonfitüre.

Heidelbeerkonfitüre

Es gilt das Rezept für Aprikosenkonfitüre. Statt des Alkohols kann diese Konfitüre mit Orangensaft verfeinert werden.

Himbeerkonfitüre

Himbeeren frisch gepflückt aus dem Garten nicht waschen. Mit der gleichen Menge Gelierzucker vermischen und 24 Stunden ziehen lassen. Weitere Zubereitung wie Pflaumenkonfitüre.

Stachelbeerkonfitüre

Stachelbeeren vorbereiten und mit Gelierzucker vermischen. Nach 24 Stunden die Frucht-Zucker-Masse zum Kochen bringen und nach dem Rezept für Aprikosenkonfitüre weiter verarbeiten.

Sauerkirschkonfitüre

Es gilt das Rezept für Pflaumenkonfitüre.

Brombeerkonfitüre

Brombeeren frisch gepflückt nur kurz abbrausen und gut abtropfen lassen. Mit Gelierzucker vermischt 24 Stunden ziehen lassen und dann nach dem Rezept für Aprikosenkonfitüre weiter verarbeiten.

Latwerge (Pflaumenmus)

5 kg Pflaumen, 1 kg Zucker, etwas Sternanis oder Stangenzimt

Die Pflaumen waschen, entsteinen und die Hälfte davon in einen Topf geben. Mit der Hälfte des Zuckers bestreuen. Die restlichen Pflaumen darauf verteilen und mit dem übrigen Zucker bestreuen. Über Nacht stehen lassen. Am nächsten Tag mit Anis oder Zimt aufkochen lassen und bei kleiner Flamme 5 Stunden köcheln lassen, ohne umzurühren. (Sobald man rührt, hängt die Masse an und man muß den Rest der Zeit über ständig rühren.) Dann den Topf vom Herd nehmen, das Mus kurz abkühlen lassen und kurz mit einem Handmixer durchrühren. In Gläser oder Steintöpfe füllen und sofort gut verschließen.

Apfelkraut

Diese rheinische Spezialität wird ohne Zugabe von Zucker aus Äpfeln hergestellt, die recht süß sein sollten. Sie werden gewaschen und in kleine Stücke geschnitten; faule Stellen entfernen. Mit wenig Wasser werden die Apfelstücke weichgekocht, wobei man ständig umrührt. Durch ein Tuch gießen und den Saft auffangen. Diesen so lange kochen, bis er beginnt, zu gelieren. In Gläser füllen, sofort verschließen und kühl stellen. Apfelkraut ist ein besonders leckerer Brotaufstrich.

Rhabarberkonfitüre

Jungen Rhabarber putzen und in kleine Stücke schneiden. Mit Gelierzucker vermischt 24 Stunden ziehen lassen. Für die weitere Zubereitung siehe Pflaumenkonfitüre.

Früchte mit Schwips

Früchte über einen längeren Zeitraum hinweg durch Zucker und Alkohol haltbar zu machen, ist eine alte Methode. Bevor das Pasteurisieren bekannt wurde, wußte man von der konservierenden Wirkung des Zuckers. Er wirkt hemmend gegen Fäulniserreger und Schimmelpilze. Alkohol hat besonders in Verbindung mit Zucker eine stark keimtötende Wirkung.

Trotz dieser Eigenschaften muß auf die Verarbeitung einwandfreier, fester und frischer Früchte Wert gelegt werden. Es eignen sich Sorten wie Weintrauben, Kirschen, Melonen, Pflaumen, Erd- und Himbeeren, Apfelsinen und Birnen. Keinesfalls gespritztes Obst verwenden! Auch Trockenobst läßt sich gut in Zucker und Alkohol einlegen.

Eingelegte Früchte mit Eis oder auch für ein süßes Hauptgericht wie z. B. Mehlspeisen, Reis oder Griesbrei sind nur wenige der vielen Verwendungsmöglichkeiten. Zur Aufbewahrung eignen sich Gläser mit Twist-Off-Verschlüssen, schön geformte Zubindegläser oder Steinguttöpfe, in denen das Eingelegte auch auf dem Tisch serviert werden kann.

Kleine hübsche Gefäße gefüllt mit »Ihrem« Selbstgemachten finden ganz bestimmt auch als Mitbringsel bei Freunden und Verwandten Anklang.

Feigen in weißem Rum

500 g Feigen, 1 Flasche weißer Rum, 5 Gewürznelken, 2 Zitronenscheiben

Bei frischen Früchten vorsichtig die Haut abziehen; große Feigen halbieren. Locker in Gläser oder Steintöpfchen legen und mit Gewürznelken und Zitronenscheiben belegen. Den Rum über die Früchte gießen. Durchschütteln und die Gefäße gut verschließen. Kühl aufbewahren.

Datteln in Weinbrand

500 g Datteln, 1 Flasche Weinbrand, 1 Stück Zimtstange, 1 Msp. Kardamom, ½ KL Orangeat, ½ KL Zitronat, ½ KL kandierter Ingwer

Frischen Früchten die harte Haut abziehen, getrocknete Datteln mehrmals einstechen. Mit Stein in Gläser oder Steintöpfchen füllen. Weinbrand mit den übrigen Zutaten vermischen und über die Datteln gießen. Verschließen und gut durchschütteln. Kühl stellen und erst nach einigen Wochen verbrauchen.

Blutapfelsinen in Korn

2 kg Apfelsinen, 1 Flasche Korn, 1 Stück Zimtstange, 3 Gewürznelken, 1 Prise Koriander, 1 Vanillestange, 300 g Zucker, ¼ l Marsala

Apfelsinen schälen, in Spalten teilen und das Fruchtfleisch von der dünnen Haut befreien. Kerne dabei entfernen und den tropfenden Saft auffangen. Den Korn mit den Gewürzen vermischen. Den Zucker mit Marsala aufkochen und zu dem gewürzten Korn geben. Die Fruchtstücke in hübsche Gefäße legen und mit der Flüssigkeit übergießen. Kühl stellen und erst nach 3–4 Wochen probieren.

Beeren in Arrak

250 g Himbeeren, 125 g Brombeeren, 125 g Erdbeeren, 125 g rote Johannisbeeren, 25 g Sultaninen, 450 g Zucker, 1 Flasche Arrak

Frische Früchte vorsichtig waschen und putzen. Gut abgetrocknet zusammen mit den Sultaninen in einen Steinguttopf oder in Gläser verteilen. Mit Zucker überstreuen und den Arrak zugießen. Gut verschließen und ab und zu leicht schütteln. Kühl stellen und mindestens 2 Monate ruhen lassen.

Holunderbeeren und Preiselbeeren aus dem Wald ▷

Erdbeeren in Wodka

1 kg Erdbeeren, 400 g Zucker, 1 Flasche Wodka

Kleine, feste Erdbeeren waschen, verlesen und leicht abtrocknen. Mit Zucker bestreuen und über Nacht ziehen lassen. In Gläser füllen und mit Wodka übergießen. Vor dem Verbrauch die Früchte mindestens 2 Wochen durchziehen lassen.

Äpfel in Gin

2 kg Äpfel (feste Sorte), 1 kg Zucker, ½ l Wasser, 2 kg Zucker, Saft von 5 Zitronen, Schale von 1½ Zitronen (ungespritzt), ½ KL Zimt, ½ KL Nelken, 1 kl. Ingwerwurzel, ¼ KL Cayenne-Pfeffer, ¼–½ l Gin.

Die Äpfel schälen, vierteln und vom Kerngehäuse befreien. Die Hälfte des Zuckers im Wasser aufkochen und abgekühlt über die Früchte gießen. 48 Stunden ziehen lassen. Den restlichen Zucker mit der dünn abgeschälten Zitronenschale und den Gewürzen erhitzen und etwas eindicken lassen. Die Äpfel hinzugeben und fast gar kochen. Zuletzt den Gin hinzufügen und erkalten lassen. Die Früchte in hübsche Gefäße schichten. Den Sud durchsieben und über die Äpfel gießen. Gut verschließen und kühl aufbewahren.

Kirschen in Grappa

1 kg Sauerkirschen, 800–1000 g Zucker, 1 Flasche (0,7 l) Grappa

Kirschen waschen und entstielen. Mit einem Holzstäbchen mehrere Male einstechen, damit der Alkohol besser einziehen kann. Mit Zucker bestreuen und über Nacht kühl stellen. Am nächsten Tag Grappa zugießen und die Kirschen vorsichtig umrühren. In attraktive Gefäße füllen und gut verschließen.

Kürbis in Sherry

1 kg Kürbis (ohne Schale gewogen), 250–500 g Zucker, Schale von 1 Zitrone (ungespritzt), 1 Zimtstange, einige Nelken, 1 Glas Sherry

Den Kürbis teilen und von den Kernen befreien. Das Fruchtfleisch in kleine Stückchen schneiden oder kleine Kugeln ausstechen. Mit Zucker, dünn abgeschälter Zitronenschale, Zimt und Nelken über Nacht ziehen lassen. Am nächsten Tag Zitronenschale und Gewürze entfernen. In Gläser füllen und mit Sherry übergießen. Gut verschließen und kühl aufbewahren.

Birnen in Rotwein

1 kg Birnen (kleine feste Sorte), ½ l Rotwein, ¼ l Wasser, ½ kg Zucker, ½ Zimtstange, 1 Vanilleschote, Saft von 2 Grapefruits, einige Nelken, ½ Ingwerwurzel

Birnen waschen, schälen und ausstechen. Wein, Wasser und Zucker miteinander aufkochen. Die Birnen in einen flachen, großen Topf setzen. Die Zimtstange, die aufgeschnittene Vanilleschote, die Ingwerwurzel, einige Nelken und den Grapefruitsaft mit dem Sud über die Birnen gießen. Bei kleiner Hitze etwa 10 Minuten kochen. Die Früchte vorsichtig herausnehmen, in hübsche Gläser füllen und mit dem dicklich eingekochten Sirup übergießen. Gut verschließen und kühl stellen.

Preiselbeeren in Rum

1 kg Preiselbeeren, 1 kg Zucker, Orangeat und Zitronat (je 50 g), ¼ l Rum

Preiselbeeren verlesen, waschen und abtropfen lassen. In einem genügend großen Topf mit dem Zucker vermengen. Kleingewürfeltes Orangeat und Zitronat zugeben und alles zum Kochen bringen. Nach 15 Minuten den Rum zugießen. In hübsche Gläser füllen und gut verschließen.

Birnen in Gin

Es gilt die gleiche Zubereitungsart wie für Äpfel in Gin.

Quitten in Calvados

1 kg Quitten, Zitronenwasser, 600 g Zucker,
ca. ¼ l Calvados, etwas Zitronenschale

Quitten schälen, vom Kerngehäuse befreien und sofort in Zitronenwasser legen. In dieser Flüssigkeit erhitzen und nicht ganz weich kochen. In einem Sieb abtropfen lassen. In der Zwischenzeit ¼ l von der Kochflüssigkeit, Zucker und Calvados mit etwas Zitronenschale aufkochen. Die Quitten hineinlegen und einmal aufwallen lassen. In dieser Flüssigkeit über Nacht ziehen lassen. Dann die Früchte in Gläser schichten. Den Sud nochmals aufkochen und über die Quitten gießen. Mit soviel Calvados aufgießen, bis die Früchte gut bedeckt sind. Verschlossen kühl und dunkel aufbewahren.

Kandierte Früchte

Farbe, Form und Geschmack der Früchte werden beim Kandieren nicht verändert. Daher ist es wichtig, nur einwandfreies und reifes Obst zu verwenden, das nach gründlichem Waschen möglichst an der Luft trocknen soll.
Unter ständigem Rühren wird Zucker mit Wasser bis zur Zähflüssigkeit aufgekocht. Aromen oder auch einen Schuß Alkohol kann man nach Belieben hinzufügen.
Vor dem Eintauchen des Obstes in die konzentrierte Zuckerlösung sollten Sie eine Probe machen. Dazu nimmt man ein Hölzchen, taucht es in die Lösung und kühlt es sofort unter Wasser ab. Wenn der Zucker beim Draufbeißen kracht und nicht klebrig ist, können Sie beginnen.

Jede Frucht oder Fruchtscheibe wird einzeln eingetaucht, auf Spieße gesteckt und auf eine leicht eingeölte Platte (am besten aus Email) zum Trocknen gelegt. Sehr günstig ist es, wenn die Ablagefläche auf einer mit Eisstückchen gefüllten Schüssel steht.
Die Früchte können auch auf lange Holzspieße gesteckt und mit der Zuckerlösung bepinselt werden. Bei einem kalten Buffet, Partys und Kindergeburtstagen, kann man sie so sehr gut als Dekoration verwenden.

100 g grüne und blaue Trauben, 100 g Erdbeeren,
100 g Herzkirschen, 1 Banane, einige Apfelringe, einige
Pflaumen, einige Apfelsinenscheiben, ¼ l Wasser,
500 g Zucker, Vanille-, Rum-, Mandel- oder Zitronen-
aroma, Öl

Früchte vorbereiten, waschen und an der Luft trocknen lassen. Jeweils ein Stück auf einen Holzspieß (Zahnstocher) stecken. Wasser, Zucker und das gewünschte Aroma aufkochen lassen und die Spieße in die Zuckerlösung tauchen. Auf einen mit Öl bestrichenen Teller zum Abkühlen legen. Nach Wunsch den Vorgang ein- bis zweimal wiederholen. Oder: Die Fruchtstücke abwechselnd auf lange Holzspieße stecken und mit der Zuckerlösung bepinseln.

Likör

Zur Bereitung eines Likörs benötigt man Zucker, Früchte, Alkohol und Gewürze. Das Obst wird vorbereitet und bis zu ⅓ Höhe in ausgewaschene Flaschen — möglichst mit weitem Hals — gefüllt. Weingeist oder Korn bis etwa 1 cm unterhalb der Flaschenöffnung einfüllen. Verschlossen 4–6 Wochen in der Sonne oder in einem warmen Raum stehen lassen.
Danach den Zucker mit den Gewürzen und dem Wasser aufkochen, erkalten lassen und mit dem Ansatz vermischen. Den Extrakt filtern und den fertigen Likör in

Flaschen füllen. Fest verschließen und noch einige Wochen ruhen lassen.

Man kann auch zusammen mit Obst und Alkohol den Zucker und die Gewürze ansetzen. Nach der angegebenen Zeit wird gefiltert und in vorbereitete Flaschen umgefüllt.

Nußlikör

500 g Walnüsse, 1 1/2 l Branntwein, 7 Nelken, 15 g Zimt, 375 g Zucker, 1/4 l Wasser

Ende Juni bis Mitte Juli die grünen Walnüsse ernten und kleinschneiden. In eine weithalsige Flasche legen und mit Branntwein übergießen. Verschlossen ungefähr 14 Tage in der Sonne stehen lassen. Danach den Extrakt filtern, mit Nelken und Zimt vermischen und die Flüssigkeit nochmals 10 Tage verschlossen ziehen lassen. Durchsieben und 1 1/2 l Flüssigkeit abmessen. Zucker und Wasser aufkochen, bis die Masse leichte Fäden zieht. Nach kurzer Abkühlung unter den Nußbranntwein mischen und – wenn nötig – noch durch eine Filtertüte tropfen lassen. Den Likör in Flaschen füllen und stehend kühl aufbewahren.

Aprikosenlikör

1 kg Aprikosen, 2 frische Minzzweige, 4 g Anis, 4 g Fenchel, 1 Stück Rhabarberwurzel, 1 l Weingeist, 250 g Zucker, 1/4 l Wasser

Aprikosen waschen, etwas abtropfen lassen, halbieren, entsteinen und in schmale Streifen schneiden. Mit Minze, Anis, Fenchel und Rhabarberwurzel sowie den Kernen einiger aufgeklopfter Aprikosensteine in eine große Flasche füllen und den Weingeist zugießen. Nach 4–6 Wochen filtern. Zucker und Wasser aufkochen, erkalten lassen und mit dem Ansatz vermischen. In vorbereitete Flaschen füllen. Noch einige Zeit vor dem Verbrauch ruhen lassen.

Brombeerlikör

1 kg Brombeeren, 500 g brauner Kandis, 1 l Doppelkorn (40 %), 1 Stück Zimtstange

Brombeeren waschen, verlesen und abtropfen lassen. Mit den übrigen Zutaten in Flaschen füllen und mindestens 6 Wochen in der Sonne stehen lassen. Danach filtern und in kleine Likörflaschen abfüllen.

Schwarzer Johannisbeerlikör

1 kg Johannisbeeren, 1 l Weingeist, 275 g weißer Kandis, 250 g brauner Kandis, 1 Stück Ingwerwurzel, 1 KL Koriander, 1 Vanilleschote

Johannisbeeren waschen, von den Stielen streifen und etwas trocknen lassen. In eine weithalsige Flasche geben und mit Weingeist auffüllen. Die Vanilleschote der Länge nach aufschneiden und mit den übrigen Zutaten in die Flasche stecken. Nach 4 Wochen filtern und in Likörflaschen umfüllen. Verschließen und kühl aufbewahren.

Kräuterlikör

100 g Enziankraut, 100 g Gundelrebe, 100 g Rhabarberwurzel, 30 g Kalmus, 30 g Enzianwurzel, 30 g Schafgarbe, 30 g Wermut, 5 g Isländisch Moos, 1 1/2 l Weingeist, 1 1/2 kg Zucker, 2 l Wasser

Die Kräuter, die in Apotheken oder Drogerien erhältlich sind, werden vermischt und in einer weithalsigen Flasche mit Weingeist übergossen. Nach 4 Wochen filtern. Zucker mit Wasser aufkochen und mit 1 l Ansatz verrühren. In vorbereitete Likörflaschen füllen.

Kirschlikör

1 kg Schattenmorellen, 1 Vanillestange, 4 Nelken, 750 g Zucker, 1 Zimtstange, 1 l Weingeist

Sauerkirschen waschen, abtrocknen und entstielen. In eine tiefe Schüssel geben und leicht zerdrücken. Mit der aufgeschnittenen Vanillestange und den übrigen Zutaten in eine weithalsige Flasche füllen und in der Sonne etwa 4 Wochen verschlossen stehen lassen. Danach filtern und in ausgespülte Likörflaschen füllen. Stehend aufbewahren.

Apfelsinenlikör

6 Apfelsinen (ungespritzt), 1 Vanilleschote, 1 l Obstschnaps, 7 Mandeln, 750 g Zucker, ¼ l Wasser

Apfelsinen heiß abbürsten, halbieren und ungeschält in kleine Stücke schneiden. Mit einer der Länge nach aufgeschnittenen Vanilleschote, dem Schnaps und den Mandeln mischen. In weithalsige Flaschen füllen und 6–8 Wochen ruhig stehen lassen. Danach Zucker mit Wasser aufkochen, bis sich Fäden ziehen.
Nach dem Abkühlen mit dem Extrakt mischen, kurze Zeit stehen lassen und dann filtern. In Flaschen umfüllen und kühl aufbewahren.

Rumtopf

Der Rumtopf hat in den letzten Jahren immer mehr an Beliebtheit gewonnen. Nicht nur, weil diese Köstlichkeit in den Wintermonaten eine Erinnerung an den vergangenen Sommer zurückbringt, sondern weil der Rumtopf auch sehr einfach anzusetzen ist. Je nach Jahreszeit werden vollreife, ausgesuchte Beeren und Früchte mit hochprozentigem Rum in einem Steinguttopf angesetzt. Für einen Topf, der 6–8 l faßt, rechnet man folgende Mengen:

500 g Erdbeeren, 250 g Stachelbeeren, 250 g Süßkirschen, 250 g rote Johannisbeeren, 250 g Himbeeren, 250 g Aprikosen, 250 g Sauerkirschen, 250 g Pfirsiche, 250 g Renekloden oder Pflaumen, 1 kl. frische Ananas, 4¼ l Rum (54 %), ca. 2 kg Zucker

Die ersten Früchte im Jahr, die sich für den Rumtopf eignen, sind die Erdbeeren. Sie werden gewaschen, verlesen, abgetrocknet und in den sauberen Topf gelegt. Mit 500 g Zucker bestreuen und 2 Stunden stehen lassen. Danach 1 l Rum über die Früchte gießen, zugedeckt kühl stellen. Als nächstes kommen die Stachelbeeren. Sie werden gewaschen, von Blüten und Stielen befreit, mit der Nadel mehrmals eingestochen und abgetrocknet zu den Erdbeeren gegeben. Mit 250 g Zucker bestreuen und ½ l Rum darübergießen, so daß die Früchte gut bedeckt sind. Es folgen die Süßkirschen, die wiederum vorbereitet in den Topf gegeben und mit 250 g Zucker bestreut werden. Leicht umrühren oder schütteln, dann ½ l Rum dazugießen. Als nächstes kommen die roten Johannisbeeren, die gewaschen und abgelöst in den Topf gelegt werden. 125 g Zucker darüberstreuen und mit ¼ l Rum bedecken. Himbeeren werden dann vorsichtig gewaschen und trocken zu den übrigen Früchten in den Topf gegeben. Mit 125 g Zucker und ¼ l Rum anreichern. Es folgen die Aprikosen, die – falls die Schale fest ist – in heißes Wasser getaucht und dann abgezogen werden. In Spalten teilen und mit 125 g Zucker bestreut ca. 1 Stunde ziehen lassen. Dann zu den anderen Früchten geben und mit ¼ l Rum begießen. Sauerkirschen waschen, entstielen und abtrocknen. Pfirsiche, die wie die Aprikosen vorbereitet werden, mit den Kirschen mischen und mit 250 g Zucker bestreuen. 2 Stunden ziehen lassen und zusammen mit ½ l Rum in den Topf geben. Renekloden oder Pflaumen waschen, entsteinen und in kleinere Stücke schneiden. Im Rumtopf mit 125 g Zucker und ¼ l Rum anreichern. Als letzte Fruchtsorte kommt eine geschälte und in kleine Würfel geschnittene frische Ananas in den Rumtopf. 125 g Zucker und ¼ l Rum hinzufügen und gut verschließen. Im November oder Dezember kann man dann nochmals – ohne Zugabe von Früchten – ½ l Rum hinzugießen und den Rumtopf zum 1. Advent erstmals probieren.

In den ersten 2–3 Wochen benötigt der Rumtopf etwas Aufmerksamkeit: Ein leichtes Schütteln oder Umrühren ist erforderlich, damit sich der Zucker nicht absetzt, sondern sich mit Frucht und Alkohol verbindet. Stellt man später beim Nachsehen kleine Blasen an der Ober- fläche fest, ist der Schaden durch Zugabe von hochpro- zentigem Alkohol rasch behoben. Bei einer leichten Schaumbildung obenauf ist zu befürchten, daß der Gär- prozeß schon etwas weiter fortgeschritten ist. Hier muß die oberste Schicht sofort abgehoben werden, um den Rumtopf zu retten. ¼–½ l reinen Alkohol oder ½ Fla- sche Rum vermischt mit 250 g Zucker in den Topf geben, wieder gut verschließen und kühl stellen.

Einlegen und Einkochen von Gemüse, Pilzen und Süßsaurem

Ebenso beliebt wie das »süße« Einkochen ist das Einlegen und Einkochen von Gemüse, Pilzen und Süßsaurem.
Zu Geflügel, Fisch und Wild schmecken besonders gut süßsauer eingelegte Gemüse und Früchte. Pikantwürzige Gemüsemischungen in fast soßenähnlicher Form nennt man Relishes. Chutneys sind Würzkompotte, die Obst zur Grundlage haben.

Einkochen von Gemüse

Bei der Auswahl der Gläser richtet man sich nach den bisherigen Angaben.
Zum Füllen eines 1-Liter-Glases werden etwa folgende Mengen der verschiedenen Gemüsesorten benötigt:

Bohnen	500 g	Schwarzwurzeln	800 g
Erbsen (roh)	600 g	Spargel	800 g
Schneidbohnen	600 g	Tomaten	600 g

Zum Einkochen verwendet man möglichst nur junges, zartes Gemüse. Ernten aus der Hauptwachstumszeit eignen sich besonders gut zum Einkochen. Gemüse aus dem eigenen Garten erntet man am besten in den Morgenstunden und bereitet nur so viel vor, wie am gleichen Tag eingekocht werden kann. Das gleiche gilt für gekauftes Gemüse. Dabei ist es aber sehr wichtig, daß das Gemüse aus einer zuverlässigen Gärtnerei bezogen wird, denn das zum Einkochen bestimmte Gemüse darf weder mit Jauche noch mit Fäkalien gedüngt sein. Auch Kunstdünger ist schädlich, wenn er kurz vor dem Ernten gegeben wird und die Pflanze zu neuem Wachstum anregt. Gemüse über dessen Herkunft man im Zweifel ist, sollte vor dem Einkochen auf jeden Fall vorgekocht werden. Wird das zur Haltbarmachung bestimmte Gemüse bis zum nächsten Tag aufbewahrt, ist es ratsam, es über Nacht in einem kühlen Raum weit auseinandergebreitet zu lagern. *Trübe Flüssigkeit,* die gleich nach dem Einkochen zu erkennen ist, bedeutet keinerlei Anlaß zur Besorgnis, da sie durch die Gemüsesorte bedingt ist. *Spätere Trübung* einer zuvor klaren Flüssigkeit oder weißer Bodensatz ist meist das Zeichen beginnenden Verderbs. *Der Inhalt dieser Gläser darf keinesfalls verbraucht werden.*

Grundrezept 1 für roh eingekochtes Gemüse

Das Gemüse wird rasch in kaltem Wasser gewaschen (nicht wässern), geputzt und zerkleinert, soweit in den einzelnen Rezepten angegeben. Das rohe Gemüse randvoll in die Einkochgläser füllen und mit klarem Wasser bis 2 cm unter den Glasrand aufgießen und einkochen. Die Einkochzeit für das Einkochen von rohem Gemüse ist in den einzelnen Rezepten angegeben.

Grundrezept 2
für vorgekochtes Gemüse

Das Gemüse wird rasch in kaltem Wasser gewaschen (nicht wässern), geputzt und zerkleinert, soweit in den einzelnen Rezepten angegeben. Das Gemüse wird in klarem kochendem Wasser 3–5 Minuten vorgekocht. Bei hellem Gemüse, z. B. Blumenkohl, empfiehlt es sich, dem Vorkochwasser etwas Zitronensaft oder Zitronensäure beizufügen. Aus dem kochenden Wasser herausnehmen, in die Einkochgläser füllen und mit frischem kochendem oder kaltem Wasser aufgießen und einkochen.

Blumenkohl

Blumenkohl von Blättern und Strunk befreien und ½ Stunde in Salzwasser legen. In Röschen zerteilen und dicht aneinander in Einkochgläser schichten. Mit klarem, kaltem Wasser übergießen und einkochen. Gekaufter Blumenkohl sollte nach Grundrezept 2 behandelt, also vorgekocht werden.
Einkochzeit: Roh 90 Minuten, vorgekocht 60 Minuten bei 98° C.

Bohnen

Schneid- oder Brechbohnen kalt waschen, abziehen, brechen oder schnippeln (junge Bohnen ganz lassen). Roh in Gläser füllen und nach Grundrezept 1 einkochen. Gekaufte Bohnen nach Grundrezept 2 sterilisieren.
Einkochzeit: Roh 90 Minuten, vorgekocht 60 Minuten bei 98° C.

Erbsen

Erbsen (jung und gleichmäßig ausgereift) aushülsen, in Wasser kurz aufkochen lassen und im Sieb kalt abbrausen. Locker in Einmachgläser füllen, da die Erbsen noch quellen. Mit frischem, heißem oder kaltem Wasser

bis 3 cm unter den Rand aufgießen und sofort einkochen. Rohe Erbsen nach Grundrezept 1 sterilisieren.
Einkochzeit: Roh 90 Minuten, vorgekocht 60 Minuten bei 98° C.

Gurkengemüse (Schmorgurken)

Gurken (reif) schälen, entkernen und in beliebig große Stücke schneiden. In leichtem Salz-Essig-Wasser fast gar kochen. Die Kochbrühe abseihen, die Gurken in Gläser füllen und mit Brühe übergießen. Sofort einkochen.
Einkochzeit: 30 Minuten bei 98° C.

Möhren (Karotten)

Möhren abbürsten oder schaben, kurz waschen und in Stifte, Scheiben oder Würfel schneiden. Kleine Möhren ganz lassen. Roh in Gläser füllen und ohne Wasser einkochen.
Einkochzeit: Roh 90 Minuten, vorgekocht 60 Minuten bei 98° C.

Paprika-Tomaten-Gemüse

Grüne Paprikaschoten waschen, vierteln, von Stiel und Kernen befreien und in feine Streifen schneiden. Tomaten waschen, kurz in heißes Wasser legen und häuten. In Scheiben schneiden und mit den Paprikastreifen schichtweise bis etwa 3 cm unter den Rand in Gläser legen. Kaltes Wasser bis zu ¾ der Glashöhe einfüllen. Dicht verschließen und einkochen.
Einkochzeit: 60 Minuten bei 98° C.

Rotkraut

Rotkohl putzen und ohne Strunk feinschneiden oder hobeln. Mit Salz und Zucker bestreuen, mit etwas Essig

übergießen. Gut vermengt über Nacht ziehen lassen. Am anderen Tag mit der Brühe in Einmachgläser füllen und einkochen. Oder: den gehobelten Rotkohl kurz in Essigwasser aufkochen und abtropfen lassen, in Gläser füllen, mit klarem, heißem Wasser übergießen und sterilisieren.
Einkochzeit: Roh 90 Minuten, vorgekocht 60 Minuten bei 98° C.

Sauerkraut

Sauerkraut in die Einkochgläser bis zur halben Höhe einfüllen und mit Sauerkrautbrühe aufgießen. Gut verschließen und einkochen.
Einkochzeit: 60 Minuten bei 98° C.

Schwarzwurzeln

Schwarzwurzeln (frisch) waschen, schaben, in gleichgroße Stücke schneiden und in leichtem Salz-Essig-Wasser nach Grundrezept 2 vorkochen. Abseihen und kurz mit kaltem Wasser abbrausen. Abtropfen lassen und in Gläser schichten. Mit Aufkochwasser übergießen und sterilisieren.
Einkochzeit: 90 Minuten bei 98° C.

Sellerie

Sellerie (frische, nicht zu große Knollen) von Laub und Wurzeln befreien und unter fließendem Wasser abbürsten. In leichtem Salzwasser fast gar kochen. Nach dem Auskühlen schälen, in nicht zu dünne Scheiben schneiden und in Gläser legen. Mit Aufkochwasser übergießen und einkochen.
Einkochzeit: 90 Minuten bei 98° C.
Oder Sellerie putzen und in Würfel oder schmale Streifen schneiden. In leichtem Salz-Essig-Wasser mit 1 Prise Zucker 5 Minuten kochen, abtropfen lassen und in Gläser füllen. Mit Kochflüssigkeit übergießen.
Einkochzeit: 80 Minuten bei 98° C.

Spargel

Spargel (frisch) waschen und sorgfältig schälen. Nach Glashöhe kürzen. Zweimal mit kochendem Wasser überbrühen und je 10 Minuten ziehen lassen. Abgießen, in Einkochgläser stellen und erneut mit kochendem Wasser auffüllen. Gut verschließen und sterilisieren.
Einkochzeit: 90 Minuten bei 98° C.

Spargelbruch

Spargel (frisch) waschen und sorgfältig schälen. In 3–4 cm lange Stücke schneiden. 10 Minuten lang in kochendes Wasser legen und in Gläser füllen. Kochendes Wasser oder Gemüsebrühe (falls der Spargel vor dem Ernten nicht gedüngt wurde) übergießen. Gut verschließen und einkochen.
Einkochzeit: 60 Minuten bei 98° C.

Tomatenmark

4 kg Tomaten, 3 große Knoblauchzehen, Salz, Zucker, Pfeffer, geriebene Muskatnuß nach Geschmack, einige Tropfen Olivenöl

Die reifen und besonders festen Früchte (Freiland-Tomaten) werden gewaschen, geviertelt, in einem Topf mit den Geschmackszutaten bei starker Hitze unter Rühren zum Kochen gebracht und bei schwacher Hitze etwas eingekocht. Der Tomatenbrei wird durch ein Sieb gestrichen, abgeschmeckt und in die Flaschen oder Gläser umgefüllt. Zum Schluß einige Tropfen Olivenöl hinzufügen, das als dünne Schicht oben schwimmt und die Schimmelbildung verhindert.
Einkochzeit: 30 Minuten bei 90° C.

Pikant-würzig eingekochtes Obst und Gemüse ▷

Einmachkalender Gemüse/Pilze

	Januar	Februar	März	April	Mai	Juni	Juli	August	September	Oktober	November	Dezember
Blumenkohl							■	■	■			
Bohnen							■	■				
Erbsen						■	■	■	■			
Gurken								■	■			
Möhren						■	■	■				
Paprika								■				
Rotkraut									■	■		
Sauerkraut									■			
Schwarzwurzeln									■	■		
Sellerie									■	■	■	
Spargel					■	■						
Tomaten								■	■			
Champignons						■	■	■	■	■		
Maronenpilze								■	■	■		
Morcheln				■	■							
Pfifferlinge						■	■	■	■	■		
Steinpilze					■	■	■	■	■	■		

Tabelle über Einkochzeiten für Gemüse und Pilze

Bei Verwendung normaler Einkochgläser 95 mm Weite bis 1¹/₂ l Inhalt – die angegebenen Zeiten gelten, sobald die vorgeschriebene Einkochtemperatur erreicht ist.

Einkochgut	Einkochzeit roh (Minuten)	vorgekocht (Minuten)	Einkoch-temperatur ° C
Blumenkohl	90	60	98
Bohnen	90	60	98
Erbsen	90	60	98
Gurken	–	30	98
Möhren	90	60	98
Paprika	60	–	98
Rotkraut	90	60	98
Sauerkraut	60	–	98
Schwarzwurzeln	–	90	98
Sellerie	–	80/90	98
Spargel	90	–	98
Spargelbruch	–	60	98
Tomaten	30	–	85
Tomatenmark	30	–	90
Champignons	–	60	98
Maronenpilze	–	60	98
Morcheln	–	60	98
Pfifferlinge	–	60	98
Steinpilze	–	60	98

Einkochen von Pilzen

Alle eßbaren Pilze mit ihrem großen Gehalt an Eiweiß und Nährsalzen eignen sich zum Einkochen. Sie lassen sich vorzüglich als Gemüse und Salat sowie als Zugabe zu Suppen, Soßen und Würzfleisch (Ragout) verwenden und sind eine nahrhafte Abwechslung im Speisezettel. Zum Einkochen werden nur frisch gepflückte, junge Pilze genommen, die möglichst sofort nach dem Sam-
meln zu verarbeiten sind, da sie durch längeres Liegen leicht verderben. Die Pilze werden gut geputzt. Soweit notwendig, werden Stiel, Hut und Lamellen abgeschabt. Bei jüngeren Pilzen ist das nicht erforderlich. Anschließend sind die Pilze in kaltem Salzwasser, das öfters zu erneuern ist, gründlich zu waschen.

Champignons

Champignons (frisch und klein, nicht von frisch gedüngten Wiesen) putzen, die Lamellen nicht abschaben. In kaltes Zitronenwasser legen, damit die Pilze hell bleiben. Abtropfen lassen und im eigenen Saft etwa 10 Minuten im offenen Topf dünsten. Danach mit einem Schaumlöffel herausnehmen und heiß in Gläser füllen. Den Pilzsaft durchsieben und über die Champignons gießen. Sofort einkochen.
Einkochzeit: 60 Minuten bei 98° C.

Pfifferlinge

Pfifferlinge (möglichst frisch und jung) putzen. Kleine Pilze ganz lassen, größere halbieren oder in Scheiben schneiden. Gründlich waschen und abtropfen lassen. Mit wenig Wasser (Topfboden darf nur bedeckt sein) im eigenen Saft etwa 10 Minuten im offenen Topf dünsten. Die Pilze mit einem Schaumlöffel herausnehmen und heiß in Gläser füllen. Den Pilzsaft noch einige Minuten kochen lassen, durchsieben und über den Gläserinhalt verteilen. Gut verschließen und sterilisieren.
Einkochzeit: 60 Minuten bei 98° C.

Steinpilze

Steinpilze (frisch) putzen, dabei die braune Haut abziehen und die Röhrenlamellen entfernen. Kleine Pilze ganz lassen und nach Möglichkeit gesondert einkochen. Große Pilze halbieren, vierteln oder achteln. Die

Pilze in kochendem Zitronenwasser 4–5 Minuten vorgaren. Mit einem Schaumlöffel herausnehmen und heiß in Gläser füllen. Das durchgesiebte Kochwasser über die Pilze gießen. Gut verschließen und einkochen.
Einkochzeit: 60 Minuten bei 98° C.
Ebenso kocht man Morcheln und Maronenpilze ein.

Einlegen und Einkochen von süßsaurem Obst

Von den verschiedenen Methoden, Lebensmittel durch Sterilisieren haltbar zu machen, hat das süßsaure Einkochen in letzter Zeit besonders viele Freunde gefunden.
Süßsaures schmeckt vorzüglich zu kaltem Braten, Wild, Geflügel, Fisch, Pasteten, Ragouts, Fondues und vielem mehr. Für die Zubereitung ist ein Sud, bestehend aus reinem Weinessig, Zucker oder Honig und Wasser, notwendig. Die Zugabe von Gewürzen wie Ingwer, Nelken, Zimt, Zitronenschale und dergleichen mehr ist zu empfehlen. Die Gewürze können in einem Leinen- oder Mullsäckchen in den Sud gegeben werden, mit dem sie später wieder herausgenommen werden. Oft gibt man Gewürze auch lose in die Flüssigkeit, die in die Gläser gegossen wird. Die eingelegten Früchte gewinnen dann während der Lagerzeit noch an Aroma.
Süßsaures kann man auf zweierlei Methoden haltbar machen, entweder durch Einkochen oder durch Einlegen. Für beide Methoden gelten die schon genannten Grundregeln. Zubereitungsarten und Sterilisierzeiten sind bei den einzelnen Rezepten angegeben.

Birnen, süßsauer

2 kg Birnen, 1 kg Zucker, ½ l Weinessig, 1 l Wasser, 6 Gewürznelken, Zimt, Ingwer, Zitronenschale

Birnen waschen, schälen, halbieren und vom Kernhaus befreien. Die Fruchtstücke dicht in die Einkochgläser schichten. Zucker, Essig, Wasser und die Gewürze zu einem Sud kochen, erkalten lassen, abseihen und über die Birnen gießen. Gut verschließen und nach Wunsch einkochen.
Einkochzeit: 30 Minuten bei 90° C.
Haltbarkeit: Eingelegt 6 Monate, eingekocht 2–3 Jahre.

Brombeeren, pikant

Siehe Holunderbeeren, pikant.

Heidelbeeren, pikant

Siehe Holunderbeeren, pikant.

Holunderbeeren, pikant

1 kg Holunderbeeren, 450 g Kandis-Farin-Zucker, ½ l guter Weinessig, 1 Stück Ingwer, schwarze Pfefferkörner, Piment, 5 Nelken, 1 EL geriebener Meerrettich, 1 Zimtstange, etwas Muskatblüte

Holunderbeeren verlesen, waschen, mit 250 g Zucker vermischen und in Gläser füllen. Essig, 200 g Zucker und die Gewürze 10 Minuten langsam kochen lassen und dann auskühlen lassen. Durchsieben und über die Beeren gießen. Mit einem Teller bedecken und beschweren. Nach 2 Tagen den Sud nochmals aufkochen und nach dem Erkalten über die Früchte gießen. Dicht verschließen und nach Wunsch einkochen.
Einkochzeit: 30 Minuten bei 75° C.
Haltbarkeit: Eingelegt 3–4 Monate, eingekocht 2–3 Jahre.

Aprikosen in Essig

2 kg Aprikosen (nicht zu weich), ¾ l Apfelessig, 1 kg Zucker, ¼ l Wasser, Mark von 1 Vanilleschote, 1 KL abgeriebene Zitronenschale, einige Nelken, 1 Stück Stangenzimt, ½ getrocknete Ingwerwurzel, Kerne von aufgeschlagenen Aprikosensteinen

Aprikosen waschen, halbieren und entsteinen. In einem Sud aus Apfelessig, Zucker, Wasser und den Gewürzen kurz aufkochen. Mit einigen Kernen von aufgeschlagenen Aprikosensteinen in die vorbereiteten Gläser füllen. Den Sud dicklich einkochen und erkalten lassen, dann über die Früchte gießen. Nach einigen Tagen diesen Vorgang wiederholen. Beim dritten Mal den Sud durchsieben und erneut über die Aprikosen gießen. Gut verschlossen kalt stellen. Nach Wunsch sterilisieren.

Einkochzeit: 30 Minuten bei 80° C.
Haltbarkeit: Eingelegt 6 Monate, eingekocht 2–3 Jahre.

Kirschen, süßsauer

2 kg Kirschen, ¼ l Weinessig, ½ l Wasser, 800 g Zucker, 6 Gewürznelken, 1 Zimtstange

Kirschen waschen, abtropfen lassen, von den Stielen befreien und in die Einkochgläser füllen. Essig, Wasser, Zucker und die Gewürze zu einem Sud kochen, erkalten lassen, abseihen und über die Kirschen gießen. Gut verschließen und nach Wunsch einkochen.

Einkochzeit: 30 Minuten bei 80° C.
Haltbarkeit: Eingelegt 6 Monate, eingekocht 2–3 Jahre.

Quitten, süßsauer

2 kg Quitten, 1 kg Zucker, ½ l Weinessig, 1 l Wasser, 6 Nelken, Ingwer, Zitronenschale

Quitten mit einem Tuch abreiben, schälen, halbieren oder vierteln, vom Kernhaus befreien und in Einkoch-

gläser füllen. Zucker, Essig, Wasser, abgeriebene Zitronenschale und die Gewürze zu einem Sud kochen, erkalten lassen, abseihen und über die Quitten gießen. Gut verschließen und einkochen.

Einkochzeit: 30 Minuten bei 90° C.
Haltbarkeit: 2–3 Jahre.

Senfzwetschgen

2 kg Zwetschgen, ½ l Rotwein, ¼ l Essig, 250 g Zucker (Kandis), 1 Zimtstange, 6 Gewürznelken, 1 Handvoll Senfkörner, Schale von 1 Apfelsine, 1 Vanillestange

Zwetschgen waschen, abtrocknen, aufschneiden, Kerne entfernen, die Früchte aber nicht halbieren. Rotwein, Essig, Zucker, die dünn abgeschnittene Apfelsinenschale und die Gewürze aufkochen. Zwetschgen portionsweise 3 Minuten in den Sud legen und in Gläser füllen. Den Saft dazugießen. Gut verschließen und nach Belieben sterilisieren.

Einkochzeit: 30 Minuten bei 75° C.
Haltbarkeit: Eingelegt 6 Monate, eingekocht 2–3 Jahre.

Zwetschgen, süßsauer

2 kg Zwetschgen, 1 kg Zucker, ½ l Weinessig, 1 l Wasser, 6 Gewürznelken, Zimt, Ingwer, Zitronenschale

Zwetschgen waschen, gut abtropfen lassen und in Einkochgläser füllen. Zucker, Essig, Wasser, abgeriebene Zitronenschale und Gewürze zu einem Sud kochen, erkalten lassen, abseihen und über die Zwetschgen gießen. Gut verschließen und nach Wunsch einkochen.

Einkochzeit: 30 Minuten bei 75° C.
Haltbarkeit: Eingelegt 6 Monate, eingekocht 2–3 Jahre.

Eingekochte Tomaten

1 kg Tomaten, 1/2 l Weinessig, 1/2 l Wasser, 300 g Zucker

Halbreife Tomaten waschen und die Haut mehrere Male mit einem spitzen Hölzchen anstechen. In die Gläser füllen und mit der noch warmen Lösung aus Essig, Wasser und Zucker bedecken und einkochen.
Man kann die Tomaten auch in dicke Scheiben schneiden, in die Gläser schichten, mit der oben beschriebenen Essig-Lösung bedecken und sterilisieren.
Einkochzeit: 30 Minuten bei 85° C.

Eingelegte Tomaten

2 kg feste Tomaten (Freiland), 2 EL Salz, 1 l Weinessig, 2 EL ganze Pfefferkörner, 3 EL Senfkörner, 500 g Zucker

Hierzu eignen sich kleine Tomaten, die reif und fest sein sollen. Sie werden mit einem Tuch fest abgerieben und dann mit einem spitzen Hölzchen mehrere Male eingestochen. Mit dem Salzwasser bedeckt 2–3 Tage ziehen lassen. Die Früchte herausnehmen und die Salzlösung mit den restlichen Gewürzen aufkochen, noch heiß über die Tomaten schütten, die man in ein Glas oder einen Steintopf gelegt hat. Das Gefäß gut verschließen. Kühl lagern!
Einkochzeit: 30 Minuten bei 85° C.

Chutneys

Chutneys haben fast immer Obst als Grundlage. Man kann sie als Würzkompotte bezeichnen, deren Ursprung in Indien zu suchen ist, wo Chutneys zu verschiedenen Gerichten fast täglich gegessen werden.

Aber auch in der deutschen Küche hat man eine Vielzahl von Verwendungsmöglichkeiten gefunden. Diese pikant-würzigen Extras schmecken vorzüglich zu gedünstetem oder gebratenem Fisch, zu Geflügel aller Art, zu Fondues und allem Gegrillten. Auch als Beigabe zu Wildgerichten, zu Lamm- und Hammelfleisch, zu allen Braten und verschiedenen Würsten, sogar zu Frikadellen werden sie gereicht. Sehr appetitanregend und schmackhaft sind sie in Verbindung mit Vorspeisen, zum Beispiel bei Reis- und Nudelgerichten, Salaten und Pasteten.
Werden Chutneys in Gläsern aufbewahrt, legt man auf das Eingelegte ein Blättchen mit hochprozentigem Alkohol getränktes Cellophan. Sind keine guten Lagerbedingungen gegeben, sollten Chutneys eingekocht werden.

Tabelle über Einkochzeiten für süßsaueres Obst und Chutneys

Bei Verwendung normaler Einkochgläser 95 mm Weite bis 1 1/2 l Inhalt – die angegebenen Zeiten gelten, sobald die vorgeschriebene Einkochtemperatur erreicht ist.

Einkochgut	Einkochzeit (Minuten)	Einkoch- temperatur °C
Aprikosen	30	80
Birnen	30	90
Brombeeren	30	75
Heidelbeeren	30	75
Holunderbeeren	30	75
Kirschen	30	80
Quitten	30	90
Zwetschgen	30	75
Apfelsinen-Chutney	30	80
Aprikosen-Chutney	30	80
Tomaten-Paprika-Chutney	30	80

Apfelsinen-Chutney

1 kg Apfelsinen, 500 g Äpfel (saure Sorte), 500 g Preisel-beeren, 1/2 l Rotwein, 1/4 l französischer Weinessig, 700 g Kandis-Farin-Zucker, je 1 KL Salz, gemahlener Zimt und Piment, je 1/2 KL Ingwerpulver und geriebene Muskatnuß

Apfelsinen mit einem Spargelschälmesser dünn schä-len. Die Schalen in feine Streifen schneiden und die weiße Haut der Früchte entfernen. Die in Spalten auf-geteilte Apfelsine in kleine Stücke schneiden. Äpfel schälen, entkernen und würfeln. Preiselbeeren verle-sen, waschen und abtropfen lassen. (Es kann auch Kompott genommen werden.) Alles mit Rotwein, Essig, Zucker und den Gewürzen unter Rühren zum Kochen bringen und bei schwacher Hitze in 50–60 Minuten eindicken. In Gläser füllen und gut verschließen. Nach Belieben einkochen.

Einkochzeit: 30 Minuten bei 80° C.
Haltbarkeit: Eingelegt 4–6 Monate, eingekocht
1 Jahr und länger.

Tomaten-Chutney

750 g Tomaten, 500 g Zwiebeln, 250 g Äpfel, 600–700 g Zucker, ca. 1 EL Salz, Cayennepfeffer, je 1 Messer-spitze Nelken und Piment, 2 Tassen Essig

Tomaten mit kochendem Wasser abbrühen, schälen und vierteln. Zwiebeln und Äpfel schälen, Zwiebeln feinhacken, Äpfel grob reiben. Alles zusammen mit ca. 400 g Zucker unter Rühren zu einem dicken Brei kochen. Mit Salz, Pfeffer, Paprika, Nelken und Piment aufkochen lassen. Den Essig mit dem restlichen Zucker ca. 5 Minuten erhitzen und zu dem Tomatenbrei gießen. Durch langsames Kochen eindicken. Chutney heiß in Gläser füllen und sofort verschließen.

Aprikosen-Chutney

2 kg Aprikosen, 500 g Zwiebeln, 5 EL Olivenöl, 500 g Kandis-Farin-Zucker, 1/4 l Weißwein, 1/8 l Estragon-essig, Salz, Lemon Pepper, Thymian, Rosmarin, je 1 EL Kurkuma, Ingwer- und Senfpulver

Aprikosen waschen, halbieren, entsteinen und in 1–2 cm große Stückchen schneiden. Zwiebeln schälen, fein würfeln und in Olivenöl glasig dünsten. Aprikosen-stücke, Zucker, Wein, Estragonessig und Gewürze zu den Zwiebeln in den Topf geben. Alles in 40–50 Minuten bei kleiner Hitze und unter ständigem Umrühren ein-dicken. Danach in vorbereitete Gläser füllen und nach Wunsch einkochen. Gut verschlossen kühl und dunkel aufbewahren.

Einkochzeit: 30 Minuten bei 80° C.
Haltbarkeit: Eingelegt bis zu 1 Jahr, eingekocht
1 Jahr und länger.

Einlegen und Einkochen von süßsaurem Gemüse

Süßsaures Gemüse schmeckt ebenso wie süßsaures Obst besonders gut zu kaltem Braten, Geflügel, Fisch und dergleichen mehr. Für die Zubereitung von süßsau-rem Gemüse gilt das gleiche wie für die Zubereitung von süßsaurem Obst.

Artischocken in Wein und Öl

2 kg Artischocken (jung), Wasser, etwa 3 Zitronen, 8–10 Knoblauchzehen, Salz, grüner Pfeffer, frische Minze, Petersilie, Schnittlauch, etwas Salbei, Zucker, 1/4 l Olivenöl, 1/2 l herber Weißwein mit etwas Zitronensaft versetzt

Artischocken von harten Außenblättern und Stielen befreien. Die übrigen Blätter kürzen. Jede vorbereitete Artischocke sofort in Zitronenwasser legen. Knoblauchzehen schälen, durchpressen, mit Gewürzen, kleingehackten Kräutern und etwas Zucker vermengen. Die Artischocken vorsichtig aus dem Zitronenwasser nehmen, abtropfen lassen und die Blätter etwas auseinanderdrücken. In die entstandene Höhlung die Kräuter-Knoblauch-Mischung füllen und die Blätter wieder leicht zusammendrücken. Olivenöl langsam erhitzen und die Artischocken hineinsetzen. Wein mit etwas Zitronensaft versetzen und zugießen. Sollten die Artischocken nicht ganz mit Flüssigkeit bedeckt sein, noch etwas Wasser zugeben. Etwa 30 Minuten garen. Danach die Artischocken mit dem Sud in Gläser füllen und obenauf 1–2 Eßlöffel Olivenöl geben. Abkühlen lassen und gut verschließen. Kühl aufbewahren (evtl. im Kühlschrank). Sollen die Artischocken sterilisiert werden, legt man sie nach dem Füllen in die vorbereiteten Gläser und übergießt sie mit dem Weißweinsud. Das Öl kann dann weggelassen werden.

Einkochzeit: 30 Minuten bei 75° C.
Haltbarkeit: Eingelegt 1–2 Monate, eingekocht 2–3 Jahre.

Auberginen in Öl

2 kg Auberginen, 300 g Zwiebeln, 1/4 l Olivenöl, 7 EL Estragonessig, Salz, etwas Zucker, grüner Pfeffer, Basilikumblätter, 1/2 KL Fenchelsamen, 4 EL Kapern

Auberginen unter fließendem Wasser abbürsten, von Stengel und Blütenansatz befreien, nicht schälen. Halbieren und in fingerlange Stücke schneiden. Zwiebeln schälen, grob hacken und in Olivenöl 5–7 Minuten dünsten. Die Auberginen zugeben und 5 Minuten mitdünsten. Mit Estragonessig, Gewürzen und Kapern abschmecken. Zugedeckt 15 Minuten bei kleiner Hitze schmoren.

Einkochzeit: 30 Minuten bei 80° C.

Nicht sterilisiert lassen sich die Auberginen in Einkochgläsern mit Ring, Deckel und Bügelverschluß oder in vorschriftsmäßig zugebundenen Gläsern sehr gut im Kühlschrank aufbewahren. Dieses pikante Gericht findet vielfache Verwendung, zum Beispiel als Vorspeise mit Oliven, Schafskäse, eingelegten Tomaten und Zwiebeln in Öl. Auch zu einer Joghurt-Knoblauch-Speise schmeckt es vorzüglich. Innerhalb von 3–4 Wochen sollten die nicht sterilisierten Auberginen verbraucht werden.

Tomaten-Paprika-Chutney

1 kg reife Tomaten, 1/4 l Estragonessig, je 1/2 kg rote und grüne Paprikaschoten, 1 kg Zwiebeln, 10 große Knoblauchzehen, 2 Bd. Petersilie, 1 Bd. Dill, 250 g Korinthen, 1/4 l Olivenöl, 1 Zimtstange, 15 Nelken, 10 Wacholderbeeren, 5 Lorbeerblätter, 10 Pimentkörner, 1/2 KL Chilipulver, 1 KL Senfmehl, 3 KL Salz, 500 g Kandis-Farin-Zucker, 1/2 l Obstessig

Tomaten kurz in kochendes Wasser legen, häuten und mit Estragonessig übergießen. Eine Nacht zugedeckt stehen lassen. Am nächsten Tag in kleine Würfel schneiden. Paprikaschoten waschen, halbieren, von Stielen und Kernen befreien und in schmale Streifen schneiden. Zwiebeln schälen und kleinschneiden. Knoblauchzehen schälen und durchpressen, etwas Salz zugeben und ziehen lassen. Petersilie und Dill waschen, abtropfen lassen und grob hacken. Korinthen waschen und in etwas Obstessig einweichen. Die zerkleinerten Zwiebeln in Olivenöl in einem großen Topf erhitzen. Gewürze, Zucker und Obstessig zugeben, kurz kochen lassen. Alle vorbereiteten Zutaten hinzufügen und 40 bis 50 Minuten kochen. Umrühren nicht vergessen! Gut verschließen und nach Belieben einkochen.

Einkochzeit: 30 Minuten bei 80° C.
Haltbarkeit: Eingelegt 4–6 Monate, eingekocht 1 Jahr und länger.

Auberginen, Zucchini und Paprika in Öl

Je 1 kg Auberginen, Zucchini und Paprikaschoten, Salz, 10–12 große Knoblauchzehen, ½–¾ l Olivenöl, 1 EL Zucker, 1 EL Oregano, ½ EL Majoran, ½ EL Basilikum, ½ EL Thymian

Auberginen, Zucchini und Paprikaschoten säubern, von Stengeln befreien, in Scheiben oder Streifen schneiden und lagenweise mit Salz bestreuen. Etwa 30 Minuten bedeckt ziehen lassen, dann kurz kalt abbrausen und abtropfen lassen. Knoblauchzehen schälen, durch die Knoblauchpresse drücken und in Olivenöl anschwitzen. Die Gemüsescheiben und -streifen dazugeben und ohne Deckel bei kleiner Hitze etwa 20 Minuten schmoren. Zum Schluß die Gewürze hinzufügen. Das Gemüse mit dem Schaumlöffel aus dem Öl nehmen und in die vorgesehenen Gläser schichten. Das Öl über das Gemüse verteilen und die Gläser gut verschließen. Beim Anrichten evtl. noch mit etwas Salz abschmecken.
Haltbarkeit: Nicht länger als 2–3 Monate.

Blumenkohl, pikant bis scharf

2 Blumenkohlköpfe, Salzwasser, 3–4 Tassen Olivenöl, 1 EL Salz, 1 KL Paprika (süß), 1 Msp. Chilipulver, je ½ KL Koriander, Thymian, Senfpulver, Curry, 2 EL Zucker, 1 KL Pfeffer (grün), etwas Meerrettich, etwas Rosmarin

Blumenkohl gründlich waschen, in Röschen zerpflücken und in leichtem Salzwasser 5–10 Minuten kochen. Abtropfen lassen und mit einer Marinade aus etwas Salzwasser, Olivenöl, Gewürzen und klein geraspeltem Meerrettich übergießen. Zugedeckt eine Nacht ziehen lassen. Am nächsten Tag in Gläser füllen, gut verschließen und einkochen.
Einkochzeit: 60 Minuten bei 98° C.

Bohnen, pikant

2 kg Wachsbohnen, 500 g Zwiebeln, Wasser, Salz, Zucker, 1 l roter Weinessig, Lorbeerblätter, Gewürznelken, Senf- und Pfefferkörner, Knoblauchzehen, frischer Estragon

Bohnen waschen, abtropfen lassen, abziehen und große Bohnen einmal brechen. Zwiebeln schälen, grob zerkleinern und zusammen mit den Bohnen in kochendes Wasser geben. Nach 7 Minuten mit einem Schaumlöffel herausnehmen, abtropfen lassen und lagenweise mit Salz bestreut in Gläser schichten. 48 Stunden kühl aufbewahren, die in dieser Zeit gezogene Flüssigkeit abgießen. Aus Zucker, Essig und Gewürzen einen Sud bereiten, kurz aufkochen lassen und über die Bohnen gießen. Nach Vorschrift sterilisieren.
Einkochzeit: 60 Minuten bei 98° C.

Essiggurken

3 kg Gurken (kleine Sorte), Salz, Dill, Estragon, 1 Lorbeerblatt, 1 KL Senfkörner, 3–4 Pfefferkörner, Perlzwiebeln oder Zwiebelscheiben, etwas Zucker, 1 l Essig, 1 l Wasser

Gurken unter fließendem kalten Wasser abbürsten, schadhafte Stellen ausschneiden. Mit wenig Salz bestreuen und über Nacht kalt stellen. Mit den Gewürzen und den Perlzwiebeln oder Zwiebelscheiben und etwas Zucker dicht in Einkochgläser schichten. Essig mit Wasser verdünnen und die Gurken damit begießen. Nach Vorschrift einkochen.
Einkochzeit: 30 Minuten bei 75° C.

Gurken mit Knoblauch

2 kg Gurken (nicht überreif), Salz, schwarze und weiße Pfefferkörner, Lorbeerblätter, Kümmel, Fenchel, Basilikum, Meerrettich, Schalotten, Gartenkresse, sehr viel Knoblauch, wenig spanischer Pfeffer (2–3 Scho-

Süßsaures Gemüse als Beilage sehr begehrt ▷

ten, da sehr scharf), ½–¾ l Weinessig, etwas Wasser, Zucker, 1–2 EL Olivenöl

Gurken schälen, vierteln, von Kernen befreien, zerteilen und mit Salz bestreuen. 48 Stunden kühl stellen. Danach den Saft, der sich gebildet hat, abgießen. Die Gurkenstücke leicht abtrocknen und lagenweise mit Kräutern und Gewürzen in Gläser schichten. Einen Sud aus Essig, Wasser und Zucker bereiten und über die Gurken gießen. Vor dem Verschließen in jedes Glas 1–2 EL Olivenöl geben. Sollen die Gurken eingekocht werden, kann dies unterbleiben.

Einkochzeit: 30 Minuten bei 75° C.
Haltbarkeit: Eingelegt 4–5 Monate, eingekocht 1 Jahr und länger.

Gurken, süßsauer

3 kg Gurken (kleine Sorte), Salz, Estragon, Dill, Meerrettich, 1 KL Senfkörner, einige Gewürznelken, 1 Lorbeerblatt, 1 l Wasser, 1 l Essig, 250–300 g Zucker

Gurken unter fließendem kalten Wasser abbürsten, schadhafte Stellen ausschneiden. Mit wenig Salz bestreut über Nacht kalt stellen. Mit den Gewürzen dicht in Gläser schichten. Aus Wasser, Essig und Zucker einen Sud bereiten und erkalten lassen. Dann über die Gurken gießen. Gut verschlossen sterilisieren.

Einkochzeit: 30 Minuten bei 75° C.

Möhren mit Fenchel (Finocchi)

2 kg Möhren, Gemüsefenchel, Wasser, Salz, Zwiebeln, Knoblauchzehen, ½ l Estragonessig, Zucker, Kapern, Dill, Pfefferkörner, Nelken, Lorbeerblätter, Pimpinelle, Petersilie mit Wurzel, Kerbel

Möhren waschen, wenn nötig schaben und in Scheiben schneiden. Fenchel waschen und in dicke Scheiben zerteilen. Das Gemüse in kochendem Salzwasser etwa 1 Minute ziehen lassen und gleichzeitig herausnehmen.

In einem Sieb abtropfen lassen und in die vorgesehenen Gläser füllen. Zwiebeln und Knoblauchzehen schälen und zerkleinern, mit Essig, Salz und den übrigen Gewürzen mischen. Nach kurzem Aufkochen über das Gemüse verteilen. Die Gläser verschlossen kühl stellen und etwa 1 Woche ruhen lassen. Danach den Sud noch einmal aufkochen und wieder über das Gemüse verteilen. Nach Wunsch einkochen.

Einkochzeit: 30 Minuten bei 75° C.
Haltbarkeit: Eingelegt 5–6 Monate, eingekocht 1 Jahr und länger.

Kürbis, süßsauer

2 kg Kürbis, Kräuteressigwasser, 1 kg Zucker, ¼ l Wasser, ¼ l Kräuteressig, Salz, je 2 KL kleingeschnittenes Zitronat und Orangeat, 1 Stück Ingwerwurzel, einige Nelken, 2 Zimtstangen

Kürbis teilen, mit einem Löffel die Kerne entfernen und das Fruchtfleisch in fingerlange Stücke schneiden. Über Nacht in mit Wasser verdünnten Kräuteressig legen, dann abtropfen lassen. Aus Essig, Zucker, Wasser und den übrigen Zutaten einen Sud bereiten und die Kürbisstücke darin vorkochen. In Gläser füllen, mit der Flüssigkeit übergießen und einkochen.

Einkochzeit: 30 Minuten bei 75° C.

Mixed Pickles (Gemüseallerlei in Essig)

2 kg verschiedenes Gemüse: kleine Gurken, kleine Möhren, Blumenkohl, Sellerie, Paprikaschoten, Perlzwiebeln, Schalotten, ½ l Wasser, 1½ l Essig, Salz, Zucker, Pfeffer- und Senfkörner, ¼ Stange Meerrettich, je 1 Bd. Dill, Basilikum und Estragon

Gurken unter fließendem Wasser abbürsten, mit wenig Salz bestreuen und über Nacht stehen lassen. Möhren abbürsten und – wenn nötig – schaben. Das übrige Gemüse säubern, kochfertig zerkleinern und getrennt in einer Mischung aus Wasser, ½ l Essig und 10 g Salz vorkochen. Schichtweise in Gläser füllen. Aus 1 l Essig, Zucker und den Gewürzen einen Sud kochen und diesen abgekühlt über das Gemüse gießen. Gut verschließen und einkochen.

Einkochzeit: 30 Minuten bei 80° C.

Paprikasalat

2 kg Paprikaschoten, ½ l Kräuteressig, ½ l Wasser, Salz, Zucker

Paprikaschoten waschen, entstielen, entkernen und grob zerkleinern. Essig mit Wasser verdünnen und aufkochen. Nach Geschmack mit etwas Salz und Zucker versetzen. Die Schoten in den Sud geben und 5–10 Minuten kochen. In Gläser füllen, mit Sud begießen und sterilisieren.

Einkochzeit: 25 Minuten bei 85° C.

Paprikaschoten

2 kg grüne oder rote Paprikaschoten, 1 l leicht gesalzenes Essigwasser

Paprikaschoten waschen, mit einem Tuch abreiben und zerteilt in Gläser legen. Vorher die Kerne entfernen. Das leicht gesalzene Essigwasser über das Gemüse gießen. Gut verschließen und sterilisieren.

Einkochzeit: 30 Minuten bei 90° C.

Pfefferschoten

Es gilt das Rezept für Paprikaschoten. Einige Pfefferkörner mit einkochen.

Rote Rüben (Rote Beete)

1500 g Rübenknollen, 500 g Zucker, etwas Salz, ½ l Wasser, 1 l Weinessig, Nelken, Ingwer, Senfkörner, Lorbeerblätter

Rübenknollen vom Kraut befreien (bis auf 2 cm), abbürsten und weich kochen. Die Rüben nicht verletzen, da sie sonst während des Kochens ausbluten. Die weichen Knollen abschrecken, schälen und in nicht zu dünne Scheiben schneiden. Mit kochendem Sud, bestehend aus Zucker, Salz, Wasser und Weinessig, übergießen. Die Gewürze zu den Rüben geben. Über Nacht durchziehen lassen. Am nächsten Tag abschmecken und mit je einem Lorbeerblatt in Gläser füllen. Gut verschließen und einkochen.

Einkochzeit: 30 Minuten bei 80° C.

Rote Rüben, pikant

2 kg rote Rüben, 1 l Weinessig, ¼ l Wasser, ½ Stange Meerrettich, 1 KL schwarze Pfefferkörner, 1 KL Kümmel, 2 Lorbeerblätter, 6 Nelken, 150 g Zucker, 1 KL Salz, 3 große Zwiebeln

Rote Rüben waschen, vorsichtig kochen oder – was besser ist im Hinblick auf das Ausbluten – auf ein Backblech setzen und in 50–60 Minuten bei starker Hitze weich »backen«. Nach dem Abkühlen schälen und in dünne Scheiben schneiden. Für den Sud die Zwiebeln in Scheiben und den Meerrettich in kleine Stücke schneiden und mit den übrigen Zutaten mischen. Die Rüben in Gläser schichten und mit dem aufgekochten, erkalteten Sud übergießen.

Einkochzeit: 30 Minuten bei 80° C.

Haltbarkeit: Eingelegt 3–4 Monate, eingekocht 1 Jahr und länger.

Spargel, eingelegt

2 kg Spargel, ½ l Wasser, 6 EL Zucker, 1–1 ½ EL Salz,
½ l Estragonessig, je 1 Bd. Petersilie, Estragon,
Kerbel, Schnittlauch, etwas Borretsch, Dill, Pimpi-
nelle, ¼ l Olivenöl

Spargel nach Vorschrift schälen, von holzigen Stellen befreien und der Länge nach in einen Topf legen. Wasser, 3 Eßlöffel Zucker und Salz zugeben und 15–20 Minuten kochen. Danach den Spargel vorsichtig herausnehmen und abtropfen lassen. ¼ l Sud abmessen und mit dem Rest Zucker und Essig aufkochen. Die Kräuter waschen, abtropfen lassen, zerkleinern und mit Olivenöl vermischen. Mit dem Spargel, der auf Glashöhe gekürzt wurde, in die vorbereiteten Gläser geben und den Sud darübergießen. Kühl aufbewahren. Vor dem Essen mit Pfeffer und Muskat abschmecken. Bald verbrauchen!

Pilze, gemischt, in Essig

2 kg Steinpilze, Pfifferlinge und Champignons,
je 5 Stengel Estragon, Zitronenmelisse und Basilikum,
¾ l Wasser, ¾ l französischer Weinessig, Salz, Zucker,
3 Dilldolden, 3 Lorbeerblätter, 1 KL schwarzen und
1 KL weißer Pfeffer, 1 EL Senfkörner, 5 Knoblauch-
zehen, 10 Nelken, 200 g schwarze Oliven,
500 g Schalotten, 1–2 EL Olivenöl

Pilze gründlich putzen und waschen. Je nach Größe halbieren oder vierteln. Kräuter waschen und abtrocknen. Die Blätter von den Stielen zupfen und die Stiele mit Wasser, Essig, den der Länge nach geschnittenen Knoblauchzehen, Oliven, den zerkleinerten Schalotten und den übrigen Gewürzen aufkochen. Zum Schluß die Pilze dazugeben. Nach 5 Minuten Kochzeit bei schwacher Hitze die Pilze mit einem Schaumlöffel herausnehmen. Estragon- und Basilikumstiele entfernen und die

vorher abgezupften Kräuterblätter mit den Pilzen in Gläser schichten. Den erkalteten Sud mit den Gewürzen über die Pilze gießen. Die Gläser verschließen und kühl stellen. Nach 3–4 Tagen den Sud abseihen, erneut aufkochen, abkühlen und wieder über die Pilze verteilen. Dieser Vorgang sollte nach einer weiteren Woche wiederholt werden. Danach einkochen. Will man auf das Sterilisieren verzichten, oben auf jedes Glas 1–2 Eßlöffel Olivenöl geben. Gut verschließen und kühl aufbewahren.

Einkochzeit: 60 Minuten bei 98° C.
Haltbarkeit: Eingelegt 6–7 Monate, eingekocht 1 Jahr und länger.

Zucchinis in Öl

Siehe Auberginen in Öl.

Zwiebeln, süßsauer

3 kg kleine Zwiebeln, Salzwasser, ½ l Weinessig,
¾ l Weißwein (herb), ½ l Wasser, 450 g Zucker,
1 ½ EL Salz, 1 EL schwarze Pfefferkörner,
2 EL Senfkörner, 15 Gewürznelken

Zwiebeln schälen, in kochendes Salzwasser legen und 8–12 Minuten ziehen lassen. Abtropfen lassen und in die vorgesehenen Gläser füllen. Einen Sud aus Essig, Wein, Wasser, Zucker und den Gewürzen über die Zwiebeln gießen. Die Gläser verschließen und 5–6 Tage kühl stellen. Danach den Sud abgießen, nochmals kurz aufkochen und wieder heiß über die Zwiebeln gießen. Nach Wunsch einkochen.

Einkochzeit: 30 Minuten bei 80° C.
Haltbarkeit: Eingelegt 5–6 Monate, eingekocht 1 Jahr und länger.

Relishes

Relishes haben meist Gemüse als Grundlage, sehr oft beinhalten sie Zwiebeln in großer Menge. Die Konsistenz ist im Gegensatz zum Chutney flüssiger und gleicht eher einer Soße. Relishes werden deshalb auch gerne zur Soßenbereitung verwendet. Soßen zu verschiedenen Fleischgerichten lassen sich damit im Geschmack abrunden. Auch Salatsoßen kann man mit Relishes aufbessern, zum Beispiel bei Kartoffel-, Bohnen- oder Fischsalaten. Zu Suppen und Aufläufen, egal ob Nudeln, Reis oder Kartoffeln verarbeitet werden, ja sogar in Quarkspeisen und auf Käse-Butter-Brot schmecken Relishes vorzüglich.

Gurken-Relish

1 kg Salatgurken, 1 KL Salz, 250 g Zwiebeln, 2 dicke Boskopäpfel, 2 KL grüner Pfeffer, 200 g Zucker, ¼ l Kräuteressig, 4 Lorbeerblätter, frischer oder getrockneter Dill, Basilikum, ½ Stange Meerrettich, 6 Knoblauchzehen, einige Spritzer Worcester- und Minzsoße, Sherry

Salatgurken unter fließendem Wasser abbürsten, von Stengel und Blütenansätzen befreien, in kleine Würfel schneiden (große Kerne entfernen) und mit Salz bestreuen. Zwiebeln schälen, klein hacken und zu den Gurken geben. Eine Nacht ziehen lassen. Äpfel schälen, entkernen und in kleine Stücke schneiden. Mit Gurken, Zwiebeln, Zucker, Essig, frisch geriebenem Meerrettich, gepreßten Knoblauchzehen und den übrigen Gewürzen zum Kochen bringen. Bei schwacher Hitze 25–30 Minuten weiterkochen. Ist die Masse dicklich, einige Spritzer Worcester- und Minzsoße zugeben und unter Rühren (nicht mehr kochen lassen) soviel Sherry beifügen, bis das Relish leicht vom Löffel fällt. In Gläser füllen und nach Belieben einkochen.

Einkochzeit: 30 Minuten bei 80° C.
Haltbarkeit: Eingelegt 2–3 Monate (im Kühlschrank), eingekocht 1 Jahr und länger.

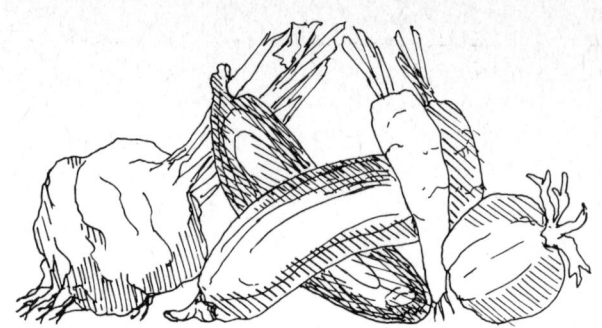

Gemüse-Relish

1 Stange Staudensellerie, 1 Dose Bambussprossen, 500 g Möhren, 500 g Tomaten, 500 g Zwiebeln (Schalotten), ¼ l Olivenöl, 10 Knoblauchzehen, Salz, 3 EL Kapern, 3 KL grüner Pfeffer, 1 KL Paprika (süß), 3 EL Orangenmarmelade, 1 EL französischer Senf, 200–250 g Zucker, ¼ l Rotweinessig, 1 KL Curry, 200 g grüne und schwarze Oliven, Portwein

Sellerie waschen und in kleine Stücke schneiden. Bambussprossen abgießen und in kleine Stifte schneiden oder raspeln. Tomaten waschen und in Würfel schneiden. Zwiebeln hacken. Alles Gemüse in Olivenöl erhitzen. Knoblauchzehen durchpressen, mit Salz vermischt etwas ziehen lassen und zum Gemüse geben. Die Oliven entkernen, klein hacken und mit etwas Salz und den übrigen Zutaten, ausgenommen der Portwein, zum Gemüse geben. In 45–55 Minuten durch langsames Kochen eindicken. Zum Schluß soviel Portwein zugeben, bis die Masse leicht vom Löffel läuft. In Gläser füllen, gut verschließen und nach Wunsch einkochen.

Einkochzeit: 30 Minuten bei 80° C.
Haltbarkeit: Eingelegt 2–3 Monate (im Kühlschrank), eingekocht 1 Jahr und länger.

Tabelle über Einkochzeiten für süßsaueres Gemüse und Relishes

Bei Verwendung normaler Einkochgläser 95 mm Weite bis 1½ l Inhalt – die angegebenen Zeiten gelten, sobald die vorgeschriebene Einkochtemperatur erreicht ist.

Einkochgut	Einkochzeit (Minuten)	Einkoch- temperatur °C
Artischocken	30	75
Auberginen	30	80
Blumenkohl	60	98
Bohnen	60	98
Gurken	30	75

Einkochgut	Einkochzeit (Minuten)	Einkoch- temperatur °C
Kürbis	30	75
Mixed Pickles	30	80
Möhren	30	75
Paprikasalat	25	85
Paprikaschoten	30	90
Pfefferschoten	30	90
Rote Rüben	30	80
Zucchinis	30	80
Zwiebeln	30	80
Gemischte Pilze	60	98
Gemüse-Relish	30	80
Gurken-Relish	30	80

Einkochen von Fleisch, Wurst, Pasteten, Wild und Geflügel

Tabelle über Einkochzeiten für Fleisch, Wurst, Pasteten, Wild und Geflügel

Bei Verwendung normaler Einkochgläser 95 mm Weite bis 1½ l Inhalt – die angegebenen Zeiten gelten, sobald die vorgeschriebene Einkochtemperatur erreicht ist.

Einkochgut	Einkochzeit (Minuten)	Einkoch- temperatur °C	Einkochgut	Einkochzeit (Minuten)	Einkoch- temperatur °C
Fleisch:			Rehfleischpastete	90	98
			Schweinefleischpastete	90	98
Gulasch	90	98			
Hammelbraten	90	98	Wild:		
Kalbsfrikassee	60	98			
Kasseler Rippchen	60	98	Hasenbraten	60	98
Pichelsteiner	60	98	Hasenpain	60	98
Sauerbraten	90	98	Hasenpfeffer	60	98
Schinken	90	98	Hirschkeule	90	98
Schnitzel und Kotelett	60	98	Hirschragout	60	98
Speck	60	98	Hirschschnitzel	60	98
Sülze vom Schwein	60	98	Rehbraten	60	98
Wellfleisch	60	98	Rehragout	60	98
Zunge	60	98	Wildschweinragout	60	98
			Wildschweinrücken	90	98
Wurst:			Wildschweinschnitzel	60	98
Blutwurst	60	98	Geflügel:		
Bratwurst	60	98			
Leberwurst	60	98	Ente	60	98
Schweinswurst	120	98	Gans	60	98
Zervelatwurst	120	98	Hähnchen	60	98
			Hühnerfrikassee	60	98
Pasteten:			Hühnerpörkölt	90	98
			Suppenhuhn	60	98
Geflügelleberpastete	90	98	Puter	60	98
Kalbfleischpastete	90	98			

Zum Einkochen eignet sich einwandfreies, frisches Fleisch jeder Art von gesunden Tieren. Das Fleisch notgeschlachteter Tiere, die mit Medizin behandelt oder mit Fischmehl gefüttert wurden, kann nicht verwendet werden.

Das zum Einkochen bestimmte frische Fleisch mindestens einen Tag in einem kühlen Raum abhängen lassen. Größere Knochen ablösen, kleinere, zum Beispiel bei Koteletts, mit einkochen. Das Fleisch in glasgroße Stücke schneiden. Fleisch kann sowohl roh und nur leicht gesalzen als auch vorgekocht, angebraten oder vorgedämpft eingekocht werden. Vorher zubereitetes Fleisch ist feiner im Geschmack. Man sollte es aber keinesfalls garkochen oder -braten, da es sonst beim Einkochen zu weich beziehungsweise zu faserig wird. Heiß eingefülltes Fleisch, ebenso Wurst oder Wurstmasse, entweder sofort einkochen oder offen auskühlen lassen. Gläser niemals verschlossen bis zum Einkochen stehenlassen, da sonst der Inhalt »erstickt«. Er riecht dann dumpf und zerweicht im Glas.

Beim Einfüllen von Fleisch und Wurst muß unbedingt darauf geachtet werden, daß der Rand des Glases wie auch des Deckels völlig frei von Fett ist. Auch die Einkochringe dürfen niemals mit Fett in Berührung kommen, da sonst ein sicherer Verschluß des Glases in Frage gestellt ist. Aus dem gleichen Grund ist darauf zu achten, daß beim Einkochen das Wasser im Einkochtopf nicht zu stark sprudelt, da sonst, vor allem bei Wurstmasse, das Fett herauskochen kann und ein luftdichter Verschluß nicht zustande kommt.

Eingekochte Leberwurst verfärbt sich oben nicht, wenn eine dünne Scheibe Speck auf die Wurstmasse gelegt wird.

Bei Fleisch- und Wurstkonserven, die erst einige Wochen nach dem Einkochen aufgehen, erkennt man den verdorbenen Inhalt in den meisten Fällen an der veränderten Farbe und am üblen Geruch. Es kann aber vorkommen, daß bei aufgegangenen Einkochgläsern mit Fleisch oder Wurst diese Kennzeichen nicht vorhanden sind. Auch in diesem Falle den Inhalt nicht verwenden.

Grundrezepte für das Einkochen von Fleisch und Wurst

Rohes Fleisch

Fleisch in glasgroße Stücke schneiden, salzen und würzen wie bei der Frischzubereitung. In Gläser füllen und mit klarem Wasser 2 cm hoch aufgießen. Gut verschließen und einkochen.
Einkochzeit: siehe Einzelrezepte.

Gekochtes Fleisch

Fleisch in glasgroße Stücke schneiden, mit Suppenkräutern in kochendes Wasser legen und etwa 20–30 Minuten kochen. Das Fleisch noch heiß in Gläser füllen, die gesiebte Brühe 2–3 cm hoch dazugeben. Gut verschließen und einkochen.
Einkochzeit: siehe Einzelrezepte.

Gebratenes Fleisch

Geeignete Fleischstücke in glasgroße Portionen zerlegen, mit den Bratenzutaten in heißes Fett geben und von allen Seiten gleichmäßig anbraten. Noch heiß in Einkochgläser füllen. Das Bratenfett mit ein wenig heißer Knochenbrühe oder heißem Wasser aufgießen, einige Minuten durchkochen, abseihen und 2–3 cm hoch in die Gläser füllen. Gut verschließen und einkochen. Bratenstücke sollen niemals im Glas ganz mit Flüssigkeit bedeckt sein. Der feine Bratengeschmack geht sonst verloren, und aus dem Braten wird Kochfleisch.
Einkochzeit: siehe Einzelrezepte.

Wurstmasse

Die Wurstmasse wird nach Rezept zubereitet und bis zu $3/4$ der Glashöhe, bei hohen Gläsern bis 4 cm unter den Glasrand eingefüllt. Gut verschließen und sterilisieren. Zum Einkochen bestimmte Wurstmasse darf nicht mit Streckmitteln wie Mehl, Brötchen, Kartoffeln oder Milch zubereitet werden. Zwiebeln oder Schalotten erst beim Verbrauch frisch dazugeben.
Einkochzeit: siehe Einzelrezepte.

Würste im Darm

Die Wurstmasse nach Rezept zubereiten und in Därme füllen. Die Würste werden in schwach siedendem Wasser vorsichtig gar gekocht, abgetrocknet und in Einkochgläser geschichtet. Nach Belieben etwas von der Brühe dazugießen. Gut verschließen und einkochen.
Einkochzeit: siehe Einzelrezepte.

Pökellake (für 6–7 kg Fleisch)

2 l Wasser mit 300 g Salz, 35 g Zucker, 5 g Salpeter und einigen Wacholderbeeren aufkochen. 1–2 Knoblauchzehen in feine Scheiben schneiden und zum Schluß mitziehen lassen. Große Fleischstücke zuerst mit der Schwartenseite nach unten in die Pökellake legen. Schälrippchen, kleine Fleischstücke und alle Zutaten zu Sülze 4 Tage lang einpökeln, größere Fleischstücke bis zu 2 Wochen, kleine Schinken mit Knochen 3–4 Wochen, große Schinken mit Knochen 4–5 Wochen.

Einkochen von Fleisch

Gulasch

Fleisch (von Rind, Kalb, Hammel oder Schwein), Fett, Knochenbrühe

Fleisch in gleichmäßig große Stücke schneiden und in heißem Fett anbraten. Sofort in Einkochgläser füllen. Mit wenig heißer Knochenbrühe aufgießen. Gut verschließen und einkochen. Erst bei Verwendung Paprika und Zwiebeln zugeben.
Einkochzeit: 60 Minuten bei 98° C.

Hammelbraten, gebeizt

Fleisch 3–5 Tage in eine Beize legen. Dann abtrocknen und in heißem Fett von allen Seiten anbräunen. Mit wenig Beize aufgießen, aufkochen lassen und in Sturzgläser füllen. Soße 2–3 cm hoch ins Glas geben. Gut verschließen und sterilisieren.
Einkochzeit: 90 Minuten bei 98° C.

Beize für Hammelbraten

1 l Essig, 1 l Wasser, 1 kl. Handvoll Salz, 2 EL Senf, 1 Lorbeerblatt, 2 Nelken, 7 zerdrückte Wacholderbeeren, 3 Zwiebeln, 1 GL Rotwein oder 1 Tasse Sauermilch

Alle Zutaten gut vermischen und das Hammelfleisch 3–5 Tage einlegen.

Schnitzel und Koteletts

Schnitzel- oder Kotelettfleisch mit Salz bestreuen, Kotelettknochen evtl. kürzen. Auf beiden Seiten in heißem Fett bräunen. Sofort in Einkochgläser legen und das

Eingelegter Hering als Katerfrühstück ▷

Bratenfett darüber verteilen. Gut verschließen und einkochen.

Einkochzeit: 60 Minuten bei 98° C.

Kalbsfrikassee

1 kg Kalbfleisch (Brust, Hals, Vorderkeule), Wasser,
1–2 Zwiebeln, 1 Lorbeerblatt, 1 Nelke, Salz

Fleisch in gleichmäßig große Würfel schneiden und mit kochendem Wasser überbrühen. Zwiebeln kleinschneiden und mit den Gewürzen und etwas Salz zum Fleisch geben. 10 Minuten kochen lassen, dann das Fleisch in Gläser füllen. Die Brühe sieben und abschmecken, evtl. mit etwas Wasser verlängern und bis 2 cm unter den Rand der Gläser über das Fleisch gießen. Gut verschließen und sterilisieren.

Einkochzeit: 60 Minuten bei 98° C.

Kasseler Rippchen

Kotelettstücke portioniert in Sturzgläser geben. 2 cm hoch mit kaltem Wasser auffüllen und einkochen. Kasseler Rippchen können auch ungeräuchert oder 15 Minuten vorgekocht sterilisiert werden.

Einkochzeit: Roh 60 Minuten, vorgekocht 45 Minuten
bei 98° C.

Pichelsteiner

600 g Fleisch ohne Knochen (je 150 g Rind-, Kalb-,
Hammel- und Schweinefleisch), Markknochen, Fett,
3/4 l Wasser, 1200 g Gemüse (Sellerie, Möhren,
Porree, Zwiebeln, Petersilienwurzeln und Wirsing)

Das Fleisch würfeln und mit einigen Markknochen in heißem Fett anbraten. Wasser angießen und das Fleisch fast gar kochen. Das Gemüse in gleichgroße Stücke

schneiden und 3 Minuten in klarem Wasser vorkochen. Fleisch und Gemüse schichtweise in Sturzgläser füllen. Mit Brühe bis 2 cm unter den Rand auffüllen und einkochen.

Einkochzeit: 60 Minuten bei 98° C.

Sauerbraten

1 kg Rindfleisch (Lende, Brust, Rücken), Wurzelwerk,
1 Lorbeerblatt, 2 Nelken, 1 Zwiebel, Beize aus
1/8 l Essig und 3/8 l Wasser, Speckstreifen, Öl

Fleisch portionieren und mit reichlich Wurzelwerk, Gewürzen und der grob zerkleinerten Zwiebel in die Essigwasserbeize legen. Nach 3–4 Tagen (zwischendurch wenden) herausnehmen, abtrocknen und nach Belieben mit Speckstreifen spicken. Von allen Seiten in heißem Öl bräunen und in Gläser füllen. Bratensatz mit etwas Essigwasserbeize aufkochen und 2–3 cm hoch in die Gläser füllen. Nach Vorschrift einkochen.

Einkochzeit: 90 Minuten bei 98° C.

Speck

Gepökelte und geräucherte Speckseiten in glasgroße Stücke schneiden. Ohne Flüssigkeit in Gläser füllen und sterilisieren.

Einkochzeit: 60 Minuten bei 98° C.

Speck mit Sauerkraut

Gepökelten, geräucherten Speck würfeln und mit dem Sauerkraut in Gläser füllen. Keine Sauerkrautbrühe mit verwenden. Gut verschließen und einkochen.

Einkochzeit: 60 Minuten bei 98° C.

Schinken

Den gepökelten und geräucherten Schinken portioniert in Gläser füllen. 1–2 cm hoch kaltes Wasser aufgießen. Gut verschließen und einkochen.
Einkochzeit: 90 Minuten bei 98° C.

Sülze vom Schwein

Entfettete Schwarten, Kopffleisch, Zunge und 2 ¹/₂ kg mageres Fleisch vom Schwein, Salzwasser, 2 Lorbeerblätter, Muskatblüte, 4 Nelken, 2 Zitronen, Weißwein, Essig

Die Fleischzutaten 4 Tage lang in Salzwasser legen und dann in klarem Wasser weich kochen. Herausnehmen und in feine Streifen schneiden. Die Kochflüssigkeit mit den halbierten Zitronen und den Gewürzen in 6–8 Stunden einkochen. Abschmecken und erkalten lassen. Die kalte Brühe entfetten, wieder erwärmen und mit etwas Weißwein und Essig abschmecken. Das Fleisch in Gläser füllen und mit Brühe gut bedecken. Dicht verschließen und einkochen.
Einkochzeit: 60 Minuten bei 98° C.

Wellfleisch mit Sauerkraut

Rohes, trockenes Sauerkraut in Einkochgläser schichten. Darauf portioniertes Wellfleisch und auf dieses wieder Sauerkraut geben. Ohne Flüssigkeit sofort einkochen.
Einkochzeit: 60 Minuten bei 98° C.

Zunge, geräuchert

Die gepökelte und leicht angeräucherte Zunge in ein Einkochglas legen und 2 cm hoch mit frischem Wasser übergießen. Gut verschließen und einkochen.
Einkochzeit: 60 Minuten bei 98° C.

136

Einkochen von Wurst und Pasteten

Blut- und Rotwurst

¹/₂ Schweinskopf, fette Schwarten, 2 kg fettes Schweinefleisch oder roher Speck, 3–4 l Blut, Salz, Pfeffer, gemahlene Nelken, Muskat oder Piment, etwas Zucker

Die Fleischzutaten weich kochen und in feine Streifen oder Würfel schneiden. Anstelle von Fleisch nach Belieben rohen, halb ausgelassenen Speck verwenden. Das Blut durchseihen und über das geschnittene Fleisch gießen. Mit den Gewürzen abschmecken, in Sturzgläser füllen und vorsichtig einkochen. Aufpassen, daß die Masse nicht steigt und großporig wird. Man kann die Wurstmasse auch in Därme füllen und vorsichtig 45 Minuten sieden. In kaltem Wasser abschrecken und leicht pressen. Die Würste in Einkochgläser legen und einkochen.
Einkochzeit: Ohne Darm 60 Minuten bei 98° C,
mit Darm 60 Minuten bei 80° C.

Bratwurst

Schweinefleisch (durchwachsen) oder Abschnittfleisch, Salz, Pfeffer, Muskat, Schale ¹/₂ Zitrone

Das Fleisch 1–2mal durch die Maschine drehen. Mit den Gewürzen und der abgeriebenen Zitronenschale abschmecken. Den Teig gut kneten. Sturzgläser bis zu ³/₄ der Glashöhe mit der steifen Wurstmasse füllen. Etwas nachdrücken, damit keine Lufträume bleiben. Gut verschließen und einkochen. Man kann die Wurstmasse auch – nicht zu fest – in den Dünndarm füllen. Würste abdrehen und in heißem Wasser ziehen lassen, bis sie gar sind. Die Bratwürste in Einkochgläser schichten und einkochen.
Einkochzeit: Ohne Darm 60 Minuten bei 98° C,
mit Darm 60 Minuten bei 80° C.

Leberwurst, fein

*¼ Schweinebauch, 1½ kg Kalbfleisch, Wasser,
¼ Schweinsleber, Salz, Pfeffer, Muskat, Majoran*

Schweinebauch und Kalbfleisch in klarem Wasser weich kochen. Leber in feine Streifen schneiden und mit heißer Brühe übergießen, bis die Leberstreifen durch und durch hell erscheinen. Zusammen mit dem Fleisch durch den Fleischwolf drehen und mit den Gewürzen abschmecken. So viel heiße Brühe zugeben, daß die Fleischmasse dickflüssig ist. Sturzgläser zu ¾ mit der Leberwurstmasse füllen und sterilisieren.
Einkochzeit: 60 Minuten bei 98° C.

Schweinswurst, grob

1 Vorderschinken, 2 kg Schweinefleisch, 2 kg mageres Rindfleisch, 2 kg Speck, Salz, ½ KL Salpeter, Muskat, Pfeffer, 2 EL Pfefferkörner, 1 Gl. Rotwein, Schale von 2 Zitronen

Fleischzutaten außer dem Speck einmal durch die grobe Scheibe des Fleischwolfs drehen. Speck in kleine Würfel schneiden und zur Wurstmasse geben. Mit Rotwein, Gewürzen und abgeriebener Zitronenschale abschmecken und gut verkneten. Sturzgläser zu ¾ mit der Wurstmasse füllen. Gut verschließen und einkochen.
Einkochzeit: 120 Minuten bei 98° C.

Zervelatwurst

Je 2 kg fettes Rind-, Schweine- und Kalbfleisch, Salz, weißer Pfeffer, ½ KL Salpeter, 2 EL Zucker

Fleisch zweimal durch den Fleischwolf drehen. Salpeter und Gewürze hinzufügen, gut durchkneten und abschmecken. Sturzgläser zu ¾ mit der Wurstmasse füllen und sterilisieren.
Einkochzeit: 120 Minuten bei 98° C.

Leberwurst

Halsstich, Ohren, Schwanz, etwas Speck, Schwarten, Bauchfleisch, Milz und Netz vom Schwein, Wasser, ¼ Schweinsleber, Salz, Pfeffer, Majoran, etwas Zucker

Fleischzutaten außer der Leber in klarem Wasser nicht zu weich kochen. Danach kalt stellen. Leber in feine Streifen schneiden, mit kochender Brühe übergießen und so lange ziehen lassen, bis die Leberstreifen durch und durch hell erscheinen. Die Leber und die übrigen Fleischzutaten durch die Maschine drehen. So viel heiße Brühe zugeben, bis die Fleischmasse dickflüssig ist. Mit den Gewürzen abschmecken. Sturzgläser zu ¾ mit der Wurstmasse füllen und sterilisieren. Man kann die Leberwurst auch in einen Darm füllen und 1 Stunde in heißem Wasser ziehen lassen. In Gläser füllen und einkochen.
Einkochzeit: Ohne Darm 60 Minuten bei 98° C, mit Darm 60 Minuten bei 80° C.

Geflügelleberpastete mit Weinbrand

500 g Schweinefleisch 250 g entsehntes Kalbfleisch, 250 g fetter frischer Speck, 2 KL Pastetengewürz, ¹⁄₁₀ l Weißwein (trocken), 500 g Geflügelleber, 1 KL Pastetengewürz, 6 Schalotten, 50 g Butter, ¹⁄₁₀ l Weinbrand oder Cognac

Fleischzutaten außer der Geflügelleber in Streifen schneiden. Mit Pastetengewürz und Weißwein mischen, zudecken und 4–5 Stunden kalt stellen. Geflügelleber zusammen mit den fein gehackten Schalotten in Butter anbraten, danach kalt stellen. Weinbrand zum Bratenfett gießen, anzünden und über die Leber verteilen. Fleisch, Speck und Geflügelleber zweimal durch die feine Scheibe des Fleischwolfs drehen und pikant abschmecken. Sturzgläser zu ⅔ füllen, gut verschließen und einkochen.
Einkochzeit: 120 Minuten bei 98° C.

Kalbfleischpastete mit Trüffeln

200 g Kalbfleisch, 2 Schalotten oder 1 Zwiebel,
1 KL Pastetengewürz, ⅛ l Weinbrand oder
Weinbrand-Sherry-Gemisch, 2 Brötchen, Sahne,
550 g Kalbfleisch, 250 g frischer fetter Speck,
2 Eigelb, 50 g gehackte Pistazien

Kalbfleisch in 2 cm dicke Streifen schneiden, Schalotten klein hacken. Beides mit Pastetengewürz und Weinbrand vermischen und zugedeckt 2 Stunden stehen lassen. Brötchen in etwas Sahne einweichen, ausdrücken und mit dem restlichen Kalbfleisch und dem Speck durch den Fleischwolf drehen. Mit Eigelb, Pistazien, den Schalotten und der Einlegflüssigkeit vermischen. Diese Masse zusammen mit den eingelegten Fleischstreifen bis zu ¾ der Glashöhe in Sturzgläser füllen und einkochen.
Einkochzeit: 90 Minuten bei 98° C.

Rehfleischpastete

700 g Vorder- oder Hinterschlegel und Bauchlappen,
Wasser, Knochen, 300 g Speck oder gekochter
Schweinebauch, 100 g frisches Fett, 2 Eier, 4 EL Süd-
oder Weißwein, Saft von 1 Zitrone, weißer Pfeffer,
Salz, Pastetengewürz

Schlegel und Bauchlappen häuten und in wenig Wasser gar, aber nicht zu weich dünsten. Das Fleisch ablösen, die Knochen auskochen. Speck oder Schweinebauch aufkochen und erkalten lassen. Zusammen mit dem Wildfleisch zweimal durch den Fleischwolf drehen. Mit der Knochenbrühe die Masse geschmeidig machen. Das frische Fett schaumig rühren und mit den Eiern zur Fleischmasse geben. Mit Wein, Zitronensaft und den Gewürzen abschmecken. Danach bis zu ¾ der Glashöhe in Sturzgläser füllen und sterilisieren.
Einkochzeit: 90 Minuten bei 98° C.

Schweinefleischpastete mit Champignons

2 Paar rohe Bratwürste, 1 Brötchen, Sahne, 375 g
Schweinehack, 2 Zwiebeln, 1 EL Butter oder Marga-
rine, 1 Knoblauchzehe, 125 g Champignons, Salz,
Pfeffer, Pastetengewürz, 2 Likörgl. Madeira oder
Sherry, 2 Essiggurken

Bratwurstmasse aus dem Darm streichen. Brötchen in etwas Sahne einweichen und ausdrücken. Mit Schweinehack in einer Schüssel gut verkneten. Zwiebeln würfeln und in Butter glasig dünsten. Knoblauchzehe zerdrücken oder durchpressen und mit den gewaschenen, kleingeschnittenen Champignons zu den Zwiebeln geben. Mit Salz und Pfeffer abschmecken, dann etwas auskühlen lassen. Zusammen mit Pastetengewürz, Madeira und den fein gewürfelten Gurken zu der Fleischmasse geben. Gut vermengen und pikant abschmecken. Sturzgläser zu ¾ mit der Masse füllen und einkochen.
Einkochzeit: 90 Minuten bei 98° C.

Einkochen von Wild und Geflügel

Für das Einkochen von Wild und Geflügel eignen sich am besten die Sturzgläser Marke WECK.
Wild
Zum Einkochen eignet sich nur frisch geschossenes Wild. Das Wild ausnehmen und einige Tage in einem gut durchlüfteten Raum vor Fliegen geschützt abhängen lassen. Das zum Einkochen bestimmte Fleisch darf jedoch nicht zu lange hängen, da es sonst zu starken Wildgeschmack und -geruch bekommt. An warmen Tagen und bei Witterungsumschlag werden Kopf, Hals, Bauch und Brustlappen sofort verarbeitet, da diese Teile rasch verderben. Wildfleisch nicht abwaschen, sondern nur mit einem Tuch abtrocknen, da es so das

feine Wildaroma besser behält. Schußstellen herausschneiden.

Geflügel

Zum Einkochen nur gesundes, frisch geschlachtetes
Geflügel verarbeiten. Fleisch von Tieren, die mit
schlecht riechendem Fisch- oder Fleischmehl oder mit
verdorbenem Weichfutter gefüttert worden sind, sollte
beim Einkochen keine Verwendung finden.
Es wird empfohlen, Geflügel sofort nach dem Schlach-
ten einzukochen, also nicht abhängen zu lassen. Aus-
gebeintes Geflügel hält sich im Einkochglas besser.
Kleine Knochenstücke können mit eingekocht werden,
wenn die Röhrenknochen mit dem Rückenmark vorher
eingeschnitten werden, damit die Hitze auch in das
Knocheninnere dringen kann. Junge Tiere werden vor
dem Einmachen angebraten, alte Tiere vorgekocht.

Hasenbraten

*Hasenziemer oder -keulen, Speckstreifen, Salz, Fett,
Brühe*

Hasenfleisch häuten, mit Speckstreifen spicken, salzen
und in heißem Fett bräunen. Mit Brühe aufgießen und
zugedeckt 10 Minuten schmoren lassen. Das Fleisch in
Gläser füllen und etwa 2 cm hoch mit Brühe übergießen.
Gut verschließen und einkochen.
Einkochzeit: 60 Minuten bei 98° C.

Hasenpain

*2 1/2 kg Hasenfleisch, 1 kg Schweinefleisch, Fett, 500 g
Speck, Salz, weißer Pfeffer, Muskat, Ingwer*

Fleisch in heißem Fett gar braten. Erkaltet mit dem
Speck 2-3mal durch den Fleischwolf drehen. Den Brat-
fond zugeben und alles zu einem geschmeidigen Teig
rühren. Mit den Gewürzen abschmecken. In Sturzgläser
füllen und einkochen.
Einkochzeit: 60 Minuten bei 98° C.

Hasenpfeffer

*Bauchlappen, Vorder- und Hinterschlegel, Fett, 1 Prise
Paprika, Brühe, Salz, Pfeffer*

Fleisch in gleichmäßig große Würfel schneiden und in
heißem Fett anbraten. Mit Paprika kurz aufschäumen
lassen und sofort mit heißer Brühe ablöschen. Mit Salz
und Pfeffer abschmecken und zugedeckt 10 Minuten
schmoren lassen. In Sturzgläser füllen und sterilisieren.
Einkochzeit: 60 Minuten bei 98° C.

Hirschkeule

*Hirschkeule, Speck, Fleischbrühe, Salz, Pfeffer, Preisel-
beeren, Zitronensaft, 1 Schuß Rotwein*

Hirschkeule mit einem sauberen Tuch abtrocknen, häuten, mit Speckstreifen spicken und in zerlassenen
Speckwürfeln von allen Seiten braun anbraten. Mit
Fleischbrühe aufgießen, mit Salz, Pfeffer und Preiselbeeren abschmecken und zugedeckt 15 Minuten
schmoren lassen. Zum Schluß etwas Zitronensaft und
Rotwein hinzufügen. Das Fleisch in Sturzgläser füllen,
2–3 cm hoch mit Bratensaft auffüllen und einkochen.
Einkochzeit: 90 Minuten bei 98° C.

Hirschragout

Es gilt das Rezept für Rehragout. Zum Abschmecken
Rotwein verwenden.

Hirschschnitzel

*Schnitzel (aus der Keule), Salz, Speckwürfel, Fleisch-
brühe, 1/2 Lorbeerblatt, 2 Nelken, 2 Essiggurken,
1 Schuß Rotwein*

Schnitzel leicht klopfen, mit Salz bestreuen und in zerlassenen Speckwürfeln anbraten. Mit heißer Fleischbrühe aufgießen und mit den klein gewürfelten Gurken

und den Gewürzen 10 Minuten schmoren lassen. Zum Schluß mit Rotwein abschmecken. Das Fleisch mit der Soße in Sturzgläser füllen und sterilisieren.
Einkochzeit: 60 Minuten bei 98° C.

Rehbraten

Rehfleisch (Ziemer, Filet, Hals oder Schlegel), Speck, Salz, Knochenbrühe

Das Fleisch häuten und nach Belieben mit Speckstreifen spicken. In ausgelassenen Speckwürfeln anbraten, etwas Salz zugeben und mit wenig Knochenbrühe aufgießen. 10 Minuten zugedeckt schmoren lassen. Das Fleisch in Sturzgläser legen, mit Soße 2-3 cm hoch aufgießen und einkochen.
Einkochzeit: 60 Minuten bei 98° C.

Rehbraten, gebeizt

Rehfleisch (Rücken, Keule oder Vorderläufe), Wildbeize, Speckstreifen, Fett, Knochenbrühe

Rehfleisch 4–5 Tage in Wildbeize einlegen. Danach gut abtrocknen, nach Belieben mit Speckstreifen spicken und in heißem Fett scharf anbraten. Mit wenig Beize und etwas Knochenbrühe aufgießen, abschmecken und 10 Minuten zugedeckt schmoren lassen. Fleisch in Sturzgläser füllen, Soße 2–3 cm hoch aufgießen und einkochen.
Einkochzeit: 60 Minuten bei 98° C.

Wildbeize

1 l Essig, 1 l Wasser, 1 Lorbeerblatt, 2 Gewürznelken, Pfefferkörner, Wacholderbeeren, Piment, 2 Zwiebeln (kleingeschnitten)

Die Zutaten gut miteinander verrühren. Die gehäuteten Fleischstücke 4–5 Tage einlegen, dabei täglich wenden.

Rehragout

Rehfleisch (Bauch- und Rippenstücke, Abschnittfleisch von Vorder- und Hinterläufen, Hals), Speckwürfel, Knochenbrühe, Salz, Pfeffer

Fleisch in 2–3 cm große Würfel schneiden. In ausgelassenen Speckwürfeln scharf anbraten. Mit wenig heißer Knochenbrühe aufgießen und mit Salz und Pfeffer abschmecken. 10 Minuten zugedeckt schmoren lassen, dann in Sturzgläser füllen und einkochen.
Einkochzeit: 60 Minuten bei 98° C.

Wildschweinragout

Wildschweinfleisch (weniger wertvolle Teile), Wildbeize, Salz, Pfeffer, Fett, 1/2 Lorbeerblatt, Saft von 1 Zitrone, 1/2 Gl. Weißwein

Das Fleisch häuten, von Knochen und Sehnen befreien und in gleichmäßig große Stücke schneiden. Über Nacht in Wildbeize legen. Am anderen Tag herausnehmen, gut abtropfen lassen, mit Salz und Pfeffer einreiben und in heißem Fett anbraten. Mit wenig Wildbeize aufgießen. Lorbeerblatt 10 Minuten mitschmoren lassen, dann das Ragout mit Zitronensaft und Wein abschmecken. In Einkochgläser füllen und sterilisieren.
Einkochzeit: 60 Minuten bei 98° C.

Wildschweinrücken oder -keule

Fleisch, Salz, Wurzelwerk, Pfeffer, 3–4 Wacholderbeeren, Fett, Brühe, 1 Gl. Rotwein

Fleisch abtrocknen, häuten und portionieren. Mit Salz bestreuen und mit grob geschnittenem Wurzelwerk, Pfeffer und Wacholderbeeren in heißem Fett von allen Seiten anbraten. Mit etwas heißer Brühe aufgießen. 10 Minuten schmoren lassen. Das Fleisch in Sturzgläser legen und 2–3 cm hoch mit Bratensoße auffüllen. Gut verschließen und sterilisieren. Beim Anrichten etwas

geriebenes Schwarzbrot zum Dicken verwenden und mit Zitronensaft abschmecken.
Einkochzeit: 90 Minuten bei 98° C.

Wildschweinschnitzel

Es gilt das Rezept für Hirschschnitzel. Die Schweinskeule vorher 3–4 Tage in Wildbeize legen.

Ente, gebraten

Die gerupfte und ausgenommene Ente waschen, das Fett aus der Bauchhöhle entfernen. Mit Salz und Pfeffer einreiben und in eine Bratpfanne legen. Mit etwas klarem Wasser übergießen und im Backofen unter häufigem Begießen in etwa 1½ Stunden fast gar braten. Die Ente zerteilen, die Knochen auslösen und das Fleisch in Gläser füllen. 2–3 cm hoch die abgeschmeckte Bratensoße zugeben. Gut verschließen und sterilisieren.
Einkochzeit: 60 Minuten bei 98° C.

Gans, gebraten

Es gilt das Rezept für Entenbraten. Die Gans vor dem Einkochen in etwa 2½ Stunden gar braten.

Gänseklein

Hals, Flügel, Beinchen, Magen und Herz der Gans, Salz, Pfeffer, Majoran, Zwiebel, Wasser

Gänseklein sauber putzen. Mit der kleingehackten Zwiebel und den Gewürzen in kochendes Wasser geben und fast gar kochen. Das Fleisch in Sturzgläser füllen und die durchgesiebte Brühe bis 3 cm unter den Glasrand dazugießen. Gut verschließen und einkochen.
Einkochzeit: 60 Minuten bei 98° C.

Hähnchen, gebraten

Hähnchen, Salz, Pfeffer, Fett, Hähnchenklein, Wurzelwerk

Das gerupfte und ausgenommene Hähnchen gut waschen, abtrocknen und mit Salz und Pfeffer einreiben. In reichlich Fett von allen Seiten anbraten. Aus Hähnchenklein und Wurzelwerk eine Brühe kochen. Das Hähnchen in etwa 30 Minuten fast gar braten. Dabei öfters mit Brühe übergießen. Danach in einzelne Teile zerlegen (Röhrenknochen einschneiden) und in Gläser füllen. Bratensaft 2–3 cm hoch auffüllen. Gut verschließen und einkochen.
Einkochzeit: 60 Minuten bei 98° C.

Hühnerfrikassee

Fleisch von gebratenem oder gekochtem Huhn, Knochenbrühe; vor Gebrauch: Mehlschwitze, Lorbeerblatt, Gewürzkörner, Zwiebel, Salz, Zucker, Zitronensaft

Fleisch von den Knochen lösen, in kleine Stücke schneiden und in Sturzgläser füllen. Mit gesiebter Knochenbrühe bis 3 cm unter den Glasrand aufgießen. Gut verschließen und sterilisieren. Vor Gebrauch eine helle Mehlschwitze anrühren, kleingeschnittene Zwiebel, Lorbeerblatt und Gewürzkörner dazu geben und mit Salz, Zucker und Zitronensaft abschmecken.
Einkochzeit: 60 Minuten bei 98° C.

Hühnerpörkölt

2 kg Hühnerfleisch, 2 kg Zwiebeln, Fett, Paprika, Fleischbrühe, Salz, Tomatenmark, Paprikaschote

Fleisch in gleichgroße Stücke schneiden und zusammen mit den grob zerteilten Zwiebeln in heißem Fett anschmoren. Mit Paprika scharf würzen und mit Fleischbrühe aufgießen. Das Fleisch halb weich ko-

chen. Mit Salz abschmecken und nach Belieben etwas Tomatenmark oder Streifen einer entkernten Paprikaschote dazugeben. In Sturzgläser füllen und einkochen.
Einkochzeit: 90 Minuten bei 98° C.

Suppenhuhn

Suppenhuhn, Salz, Suppengrün, Wurzelwerk, Wasser

Das gerupfte und ausgenommene Suppenhuhn waschen, abtrocknen und mit Salz einreiben. Mit reichlich Suppengrün und Wurzelwerk in kochendes Wasser legen und langsam gar kochen. Dann Schenkel- und Flügelstücke herausschneiden, Röhrenknochen an-

schneiden und Brustfleisch von den Knochen lösen. Das Fleisch in Sturzgläser geben und mit der durchgeseihten heißen Brühe bis 3 cm unter den Rand auffüllen. Gut verschließen und einkochen.
Einkochzeit: 60 Minuten bei 98° C.

Puter, gebraten

Siehe Brathähnchen.

Puter, gekocht

Siehe Suppenhuhn oder Hühnerfrikassee.

Für Konfitüren werden die Früchte kaum oder nicht zerkleinert ▷

Einlegen von Fisch

Um Fisch auf längere Zeit haltbar zu machen, muß man ihn einfrieren. Einkochen ist nicht möglich, da der Fisch sofort zerfallen würde. Wenn man die Fischstücke jedoch beizt oder sauer einlegt, lassen sie sich im Kühlschrank wenigstens 3–10 Tage frisch halten. Vor allem der Hering eignet sich zum Einlegen, aber auch Forellen oder Makrelen kann man dafür verwenden. Die Beize oder der Sud wird mit Gewürzen, Zwiebeln und anderem Gemüse angereichert, deren Aroma in den Fisch einzieht. Besonders als Kater-Frühstück ist pikant eingelegter Fisch eine wahre Delikatesse.

und Gurken, dem kleingeschnittenen Meerrettich und den Gewürzen in ein großes Glas schichten. Wasser, Zucker und Essig aufkochen und etwa 5–8 Minuten einkochen lassen; evtl. abschäumen. Den erkalteten Sud über die Heringsmischung gießen. Das Glas gut verschließen und kühl stellen. Vor dem Verbrauch mindestens 3 Tage ziehen lassen.
Haltbarkeit: 8–10 Tage im Kühlschrank.

Süßsaure Salzheringe

500 g Salzheringe, 2 Möhren, 1 spanische Zwiebel, 3 kl. rote Zwiebeln, 1 Stück Meerrettich, 1 KL Senfkörner, je ½ KL weiße und schwarze Pfefferkörner, 1 Lorbeerblatt, 2 Gewürzgurken, 125 g Zucker, ⅛ l Wasser, ⅜ l Weinessig

Ganze Salzheringe kurz wässern, dann vom Bauch bis zur Schwanzspitze aufschneiden und ausnehmen. Flossen, Schwänze und Köpfe abtrennen. Fische teilen und die Mittelgräte entfernen. Die Filets abwaschen und gegebenenfalls die kleinen Gräten abschaben. Leicht mit Küchenpapier abtupfen und in 3–4 cm große Stücke schneiden. Möhren schaben und abspülen. Zwiebeln geschält in dünne Ringe schneiden und abwechselnd mit dem Fisch, den in Scheiben geschnittenen Möhren

Hering gebeizt

4 grüne Heringe (küchenfertig), 3–4 EL grobes Salz, 1–2 EL Zucker, 1 Bund Petersilie, ½ Bund Dill, etwas Kerbel, 1 KL schwarze Pfefferkörner, ½ KL Senfkörner, 1 Stück Meerrettich

Heringe von Flossen und Schwanz befreien und den Kopf (hinter den Kiemen) abschneiden. Heringe unter kaltes, fließendes Wasser halten und gut innen und außen abwaschen. Abtrocknen, leicht auseinanderdrücken und dabei vorsichtig die Mittelgräte entfernen. Die Filets von den kleineren Gräten befreien. 4 Filets mit der Hautseite nach unten auf eine zurechtgeschnittene Alufolie legen. Salz mit Zucker und den kleingeschnittenen Kräutern vermischen. Meerrettich schaben und mit den übrigen Gewürzen hinzufügen. Diese Mischung auf die Heringsfilets streuen. Mit den 4 übrigen Filets bedecken und gut in Alufolie verpacken. 2–3 Tage kühl stellen. Vor dem Servieren die Gewürze entfernen.
Haltbarkeit: 3–4 Tage.

Einkochen von Kuchen

Die Herstellung von Kuchen im Einkochglas, also das »Backen« im Wasserbad des Einkochtopfes, erlaubt bedenkenlos eine Vorratshaltung von mindestens 6 Monaten. Auf diese Weise kann man überraschenden Kaffeegästen jederzeit frischen Kuchen anbieten.

Zur Herstellung von Kuchen im Einkochglas nur Sturzgläser Marke WECK verwenden, die ein Stürzen des fertigen Kuchens ermöglichen. Jeder Rührteig eignet sich zum Einkochen. Die Sturzgläser werden innen gut eingefettet und mit geriebenen Mandeln ausgestreut. Den Teig bis zur Hälfte einfüllen. Dabei darauf achten, daß der Glasrand völlig sauber bleibt. Auf einen Rost in den leicht vorgewärmten Backofen schieben und bei Mittelhitze (180–190° C) in 60-90 Minuten backen. Bei fettreichen Kuchen erhöht sich die Backzeit. Mit einer Nadel prüfen, ob der Kuchen durchgebacken ist. Danach die Gläser sofort mit vorbereiteten Ringen, Deckeln und Bügeln schließen, mit einem feuchtwarmen Tuch vorsichtig umfassen und auf den Drahtboden des mit heißem Wasser gefüllten Einkochtopfes stellen. Das Wasser soll das obere Drittel der Gläser freilassen. Die Kuchen 30 Minuten bei 100° C sterilisieren. Der eingefüllte Teig kann auch ohne vorheriges Backen eingekocht werden. Die Einkochdauer erhöht sich dann auf 90–120 Minuten bei 100° C. Diese Zubereitungsart ist für eine Diät, die Röstprodukte verbietet, geradezu ideal (Magen-, Darm-, Leber-, und Gallediät). Natürlich schmeckt der im Rohr vorgebackene Kuchen bedeutend herzhafter.

Vor dem Servieren kann der Kuchen noch mit einem Guß nach Wunsch oder mit Puderzucker überzogen werden.

Tabelle über Einkochzeiten für Kuchen

Einkochgut	Einkochzeit (Minuten)	Backzeit (Minuten)	Einkoch-temperatur ° C	Einkochzeit ohne Backen (Minuten)	Einkoch-temperatur ° C
Biskuit-	–	45	180	75	100
kuchen	30	–	100	–	–
Englischer	–	45	180–190	75	100
Kuchen	30	–	100	–	–
Marmor-	–	45	180	75	100
kuchen	30	–	100	–	–
Walnuß-	–	45	180	75	100
kuchen	30	–	100	–	–

Biskuitkuchen

8 Eier, 200 g Zucker, Zitronenaroma, 200 g Mehl

Eigelb mit Zucker schaumig rühren. Das zu Schnee geschlagene Eiweiß zusammen mit etwas Zitronenaroma auf die Zucker-Ei-Masse geben. Mehl darübersieben und vorsichtig unterheben. Die vorbereiteten Gläser bis zu 1/2 der Glashöhe mit dem Teig füllen. Erst backen oder gut verschließen und gleich einkochen.
Backzeit: 45 Minuten bei 180° C.
Einkochzeit: 30 Minuten bei 100° C.
Einkochzeit
ohne Backen: 75 Minuten bei 100° C.

Walnußkuchen

180 g Butter, 180 g Zucker, 3 Eier, 240 g Mehl, Milch, 60 g Walnüsse

Butter schaumig rühren. Abwechselnd Zucker und Eier hinzufügen. Mehl sieben, evtl. etwas Milch und grob gehackte Walnüsse einrühren. Erst backen oder gleich einkochen.

Backzeit:	45 Minuten bei 180° C.
Einkochzeit:	30 Minuten bei 100° C.
Einkochzeit	
ohne Backen:	75 Minuten bei 100° C.

Englischer Kuchen

250 g Butter oder Margarine, 250 g Zucker, 4 Eier, Saft und Schale ½ Zitrone, 1 P. Backpulver, 500 g Mehl, ½ Tasse Milch, 125 g Rosinen, 125 g Korinthen

Butter oder Margarine schaumig rühren. Nach und nach Zucker, Eier, Saft und Schale der Zitrone hinzufügen. Backpulver mit Mehl sieben und abwechselnd mit etwas Milch unterrühren. Nur soviel Milch verwenden, daß der Teig reißend vom Löffel fällt. Rosinen und Korinthen waschen, abtropfen lassen und zum Schluß unter die Masse heben. Den Teig bis zu ½ der Glashöhe in die vorbereiteten Gläser füllen. Erst backen oder gleich einkochen.

Backzeit:	45 Minuten bei 180–190° C.
Einkochzeit:	30 Minuten bei 100° C.
Einkochzeit	
ohne Backen:	75 Minuten bei 100° C.

Marmorkuchen

220 g Butter, 4 Eier, 220 g Zucker, 1 P. Vanillezucker, 500 g Mehl, 1 P. Backpulver, ⅛ l Milch, 90 g Kakao, 2–3 EL Rum

Butter schaumig rühren, abwechselnd Eier, Zucker und Vanillezucker hinzufügen. Mehl und Backpulver vermischen, sieben und abwechselnd mit etwas Milch unterrühren. Die vorbereiteten Gläser mit ½ des Teiges füllen. Unter den restlichen Teig Kakao und etwas Rum rühren. Die Kakaomasse auf den hellen Teig geben und mit einer Gabel etwas vermischen. Erst backen oder gleich einkochen.

Backzeit:	45 Minuten bei 180° C.
Einkochzeit:	30 Minuten bei 100° C.
Einkochzeit	
ohne Backen:	75 Minuten bei 100° C.

Fachausdrücke

Abschäumen – Bei Beginn des Kochens kann sich an der Oberfläche einer Zuckerlösung Schaum bilden, der mit einer Schaumkelle entfernt wird. Das Abschäumen sollte wiederholt werden, bis die Zuckerlösung klar ist. Beim Kochen von Marmelade ist das Abschäumen nicht erforderlich.

Ascorbinsäure – chemische Bezeichnung für Vitamin C, wird im Haushalt wie kristalline Zitronensäure verwendet.

Diphenyl – chemische Verbindung, die gegen Schimmelpilze usw. wirksam ist. Zitrusfrüchte aus entfernten Erntegebieten werden damit behandelt. Diphenyl ist nach den heutigen Erkenntnissen der Wissenschaft für den menschlichen Genuß unschädlich. Die Verwendbarkeit der Schale wird durch den äußerlich an der Frucht haftenden, fremdartigen Geruch und Geschmack beeinträchtigt, so daß die mit Diphenyl behandelten Zitrusfrüchte entsprechend gekennzeichnet sein müssen. Werden mit Diphenyl gespritzte Früchte verwendet, so muß die Schale mit heißem Wasser abgebürstet werden.

Extrakt – Auszug aus Früchten oder Pflanzenteilen.

Gärung (alkoholische) – das Spalten von Zucker durch Mikroorganismen (Hefen) in Alkohol und Kohlensäure (CO_2), wobei auch andere organische Säuren entstehen.

Gelee – ein Fruchtsaft, der durch Quellung der darin enthaltenen Pektine verfestigt wird.

Gelierprobe – einige Tropfen der heißen Fruchtmasse auf einer Untertasse erkalten lassen. Nach Erstarrung – ohne wässrigen Rand – ist die Gelierung einwandfrei.

Konfitüre – eine mit ganzen oder geteilten Früchten versehene Fruchtmasse.

Konservierungsmittel – (z. B. Sorbinsäure) Stoffe und Gemische, die das Verderben von Lebensmitteln verhindern oder verzögern. Ihre Wirkung besteht darin, daß sie Kleinlebewesen (Schimmelpilze, Bakterien usw.) abtöten bzw. ihre Entwicklung hemmen.

Kristalline Zitronensäure – eine organische Säure, die reichlich in Zitronen und vielen anderen Früchten und Beeren enthalten ist. Sie ist in festem Zustand farb- und geruchlos, schmeckt angenehm, löst sich leicht in Wasser und ist in Apotheken erhältlich. Im Haushalt wird sie wie Zitronensaft verwendet, besonders beim Einkochen und Einfrieren. Aufbewahrung: Kühl, trocken und gut verschlossen.

Läuterzucker – eine durch Abschäumen während des Kochens gereinigte (geläuterte) Zuckerlösung. Sie bleibt längere Zeit flüssig, und es kommt durch allmähliches Verdunsten von Wasser zu einem Auskristallisieren. Zur Herstellung von Läuterzucker werden Zucker und Wasser im Verhältnis 2:1 gekocht.

Pasteurisieren – schonendes Erhitzen der Getränke bei Temperaturen unter 100° C. Es wird hierbei eine Abtötung der schädlichen Keime erreicht, nicht aber ein völlig keimfreier Zustand.

Pektine – pflanzliche, wasserlösliche Gelierstoffe. Sie sind in unterschiedlichen Mengen in fleischigen Früchten, z. B. Äpfeln, Quitten, Zitronen, aber auch in Zuckerrüben, besonders in unreifem Zustand, enthalten und bewirken zusammen mit Zucker und Fruchtsäuren das Gelieren der Gelees, Marmeladen und Konfitüren.

Schimmelpilze – mehrere Gruppen pflanzlicher Organismen, die sich bei feuchter Wärme auf organischem Material entwickeln. Auf dem jeweiligen »Nährboden« bilden sich zusammenhängende weiße oder gefärbte »Moosflächen«, die unangenehm riechen und schlecht schmecken. Bei Marmeladen, Gelees und Eingekochtem können sie abgehoben werden.

Schockgefrieren – Das Gefriergut wird sehr schnell niedrigen Temperaturen (– 35° C und tiefer) ausgesetzt. Hierbei wird bewirkt, daß das Gefriergut ge- und nicht erfriert.

Sorbet – Halbgefrorenes aus Fruchtmus, Fruchtsäften und eventuell auch Wein.

Sterilisieren (einkochen, einwecken) – Erhitzen bei Temperaturen über 100° C. Das behandelte Gut wird praktisch keimfrei (Abtöten von Mikroorganismen).

Vitamin A – unentbehrlich zur richtigen Verwertung des dem Körper zugeführten Fettes. Wachstum- und Epithel-Schutz-Vitamin. Mangelerscheinungen: Nachtblindheit, allgemeine Schleimhautveränderungen. Vitamin A ist ein Provitamin. Provitamine sind Verbindungen, die im Organismus in Vitamine umgewandelt werden.

Vitamin B1 – Aneurin oder Thiamin. Der Bedarf an Vitamin B1 erhöht sich bei kohlenhydratreicher Kost. Mangelerscheinungen: Auftreten von Beriberi; Störungen von Magen und Darm sowie des Nervensystems und Muskelschwäche. Die Schädigungen können so vielseitig sein, daß oft ein Krankheitsbild in das andere übergreift.

Vitamin B2 – Laktoflavin oder Riboflavin. Aufbau des Blutfarbstoffes, Entgiftungsfunktion der Leber, Wachstumsfaktor, Unterstützung des Sehvorgangs. Mangelerscheinungen: Wachstumsstillstand, Haut- und Mundwinkelentzündungen, Haarausfall, rasche Ermüdung.

Vitamin B6 – Adermin (Pyridoxin). Von Bedeutung für den Aminosäure-Stoffwechsel, für den Haushalt ungesättigter Fettsäuren im Körper und für die Bildung von Kohlenhydraten aus Eiweiß. Mangelerscheinungen: Nervöse Störungen.

Niacin – Nicotinsäureamid, Nicotinsäure (Vitamin PP oder B2-Faktor). Pellagraschutzstoff des Menschen, unterstützt normale Eiweißverwertung. Mangelerscheinungen: Magen- und Darmerkrankungen, Haut- und Schleimhaut-Entzündungen, Lähmungen, nervöse Störungen.

Folsäure – durch Bakterien im Darm synthetisiert. Mangelerscheinungen: Bluterkrankungen. Diese Störungen sind besonders ausgeprägt bei gleichzeitigem Zusammentreffen von Folsäure und Vitamin-B12-Mangel.

Vitamin-B-Komplex – besteht aus einer Reihe von Vitamin-Faktoren, die eine Einheit darstellen.

Vitamin C – Ascorbinsäure. Antiskorbutisches Vitamin. Unentbehrlich für die richtige Eiweiß-Verwertung im menschlichen Körper. Mangelerscheinungen: Skorbut (Zahnfleischblutungen und Zahnlockerung), Müdigkeit, allgemeine Schwäche.

Vitamin E – Tocopherole. Antisterilitäts-Vitamin. Förderung des Wachstums und Steuerung des Kohlenhydrat- und Kreatinstoffwechsels, regulierende Beeinflussung der Keimdrüsenfunktionen. Mangelerscheinungen: Degenerationen im Rückenmark, vermutliche Störung des Zellstoffwechsels, Verzögerung der Reife und des Wachstums.

Vitamin K – ist für die Funktionserhaltung des Blutgerinnungssystems unentbehrlich. Mangelerscheinungen: Undichte Blutgefäße, Erschwerung der Blutgerinnung.

Rezeptverzeichnis